温州大学精品名库

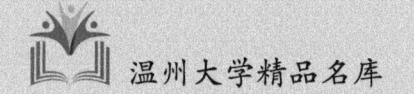

体育本科专业认证体系的国际比较研究

贾明学 著

人民体育出版社

图书在版编目（CIP）数据

体育本科专业认证体系的国际比较研究 / 贾明学著
. -- 北京：人民体育出版社，2024
 ISBN 978-7-5009-6459-9

Ⅰ.①体… Ⅱ.①贾… Ⅲ.①高等学校—体育专业—认证—研究—中国 Ⅳ.①G812.5

中国国家版本馆CIP数据核字(2024)第089555号

*

人民体育出版社出版发行
北京建宏印刷有限公司印刷
新 华 书 店 经 销

*

710×1000　16开本　14.25印张　245千字
2024年7月第1版　2024年7月第1次印刷

*

ISBN 978-7-5009-6459-9
定价：68.00元

社址：北京市东城区体育馆路8号（天坛公园东门）
电话：67151482（发行部）　　邮编：100061
传真：67151483　　　　　　　邮购：67118491
网址：www.psphpress.com
（购买本社图书，如遇有缺损页可与邮购部联系）

前　言

质量是21世纪世界高等教育发展的核心主题之一，保障和提升质量是各国高等教育改革和发展的行动纲领。从《一流本科教育宣言》《教育部关于狠抓新时代全国高等学校本科教育工作会议精神落实的通知》等文件的颁布实施来看，提升高等本科教育质量已经成为我国未来教育改革的重点任务。质量保障，首先在于质量保障体系的构建。专业认证是世界各国高等教育质量保障的主要形式，也必将成为我国体育类本科专业质量保障的主要措施。因此，构建一套科学合理的体育专业认证体系就具有重要的学术价值和实践意义。

本书以体育专业认证体系为研究对象，综合运用文献资料、专家访谈和对比分析等多种研究方法，针对美国、英国、澳大利亚和加拿大四个国家的体育专业认证体系展开论述，包括体育教师教育、体育管理、教练员教育、运动科学、体育科学、运动机能学等7个体育本科专业，从法律依据、组织机构、认证标准、核心课程、认证流程和实施机制等方面，分析不同国家体育专业认证体系的成功经验，并结合国情提出有针对性的建议，以期为我国体育专业认证体系的构建提供参考借鉴。

全书共分六章。第一章为导论，包括研究背景和意义、国内外文献综述、研究目标、研究思路和研究方法。第二章为美国体育专业认证体系，分析了美国体育专业认证实施背景，总结了4个体育专业认证机构的特点，以体育教师教育专业为例，阐述了美国体育专业认证标准的具体框架、理念和内容，分析了体育专业认证运行机制，总结了美国体育专业认证体系的特点和启示。第三章为英国体育专业认证体系，分析了英国体育专业认证实施背景、认证机构的种类和性质，阐述了体育学科基准声明的框架和具体内容，分析了英国体育专业认证运行程序，总结了英国体育专业认证体系的特点和启示。第四章为澳大利亚体育专业认证体系，分析了澳大利亚体育专业认证背景，以及不同认证机构之间的关系，阐述了不同体育专业的认证标准和特点，分析了运动与体育科学协会认证运行机制，总结了澳大利亚体育专业认证体系的特点与启示。第五章为加拿大体育专业认证体系，分析了加拿大体育专业认证发展历程、认证组织机构，阐述了体育教师教育、体育管理两个专业认证标准的结构体系和内容指标，整理了体育教师教育专业认证运行机制的特征，总结了加拿大体育专业认证体系特点与启示。第六章为体育专业认证体系的国外经验与国内建构，系统总结了国外体育专业认证体系的有益经验，从构建原则、阶段过渡、运行流程等方面为我国体育专业认证体系的构建提供参考。

专业建设是一项复杂而系统的工程，专业认证制度是提升专业教育质量的有效措施。在师范类专业认证实施背景下，我国应该主动吸收和借鉴国外体育专业认证的有益经验，并按照认证的基本要求和行动逻辑推动体育本科专业教育教学改革。本书旨在抛砖引玉，期望尽快构建具有中国特色的体育学类本科专业认证体系。

目　录

第一章　导论 （1）

第一节　研究背景与意义 （1）
一、研究背景 （1）
二、研究意义 （9）

第二节　国内外文献综述 （10）
一、国外研究综述 （10）
二、国内研究综述 （14）
三、研究评述 （17）

第三节　研究目标、思路与方法 （18）
一、研究目标 （18）
二、研究思路 （19）
三、研究方法 （19）

第二章　美国体育专业认证体系 （21）

第一节　美国体育专业认证实施背景 （21）
一、体育专业种类持续增加 （21）
二、体育专业招生规模不断扩大 （25）
三、专业认证制度有待完善 （25）

第二节 美国体育专业认证机构……………………………（27）
　一、教师培养认证委员会………………………………（28）
　二、体育管理认证委员会………………………………（30）
　三、教练教育认证委员会………………………………（31）
　四、运动科学认证委员会………………………………（33）
第三节 美国体育专业认证标准……………………………（35）
　一、体育教师教育标准的制定背景……………………（35）
　二、体育教师教育机构标准……………………………（36）
　三、体育教师标准………………………………………（43）
第四节 美国体育专业认证运行机制………………………（49）
　一、获取认证资格………………………………………（49）
　二、早期评估……………………………………………（51）
　三、认证途径选择………………………………………（53）
　四、自我评估……………………………………………（55）
　五、认证评审……………………………………………（58）
　六、提交年度报告………………………………………（63）
第五节 美国体育专业认证体系的特点与启示……………（63）
　一、美国体育专业认证特点……………………………（63）
　二、对我国体育专业认证体系构建的启示……………（66）

第三章 英国体育专业认证体系……………………………（70）

第一节 英国体育专业认证实施背景………………………（70）
　一、英国评估型政府的兴起……………………………（70）
　二、英国审核型社会的出现……………………………（72）
　三、英国高等教育市场化改革…………………………（72）
　四、英国高等体育专业人才的需求……………………（73）

第二节　英国体育专业认证机构……………………………（74）
　　　　一、高等教育质量保障署………………………………（75）
　　　　二、国家教学与领导学院………………………………（76）
　　　　三、体育运动科学协会…………………………………（77）
　　第三节　英国体育专业认证标准……………………………（79）
　　　　一、体育学科基准声明…………………………………（80）
　　　　二、体育学科基准的特点………………………………（86）
　　　　三、体育运动科学专业标准……………………………（88）
　　第四节　英国体育专业认证运行机制………………………（93）
　　　　一、体育教师教育专业认证流程………………………（93）
　　　　二、职前体育教师教育专业认证流程的特点…………（100）
　　第五节　英国体育专业认证体系的特点与启示……………（101）
　　　　一、英国体育专业认证体系的特点……………………（101）
　　　　二、对我国体育专业认证体系构建的启示……………（104）

第四章　澳大利亚体育专业认证体系………………………（107）

　　第一节　澳大利亚体育专业认证背景………………………（107）
　　　　一、国际环境的影响……………………………………（107）
　　　　二、高等教育政策的影响………………………………（108）
　　　　三、体育专业教育发展需求的影响……………………（109）
　　第二节　澳大利亚体育专业认证机构………………………（110）
　　　　一、高等教育质量与标准署……………………………（110）
　　　　二、学历资格框架………………………………………（111）
　　　　三、运动与体育科学协会………………………………（112）
　　　　四、教学与校务指导协会………………………………（112）

第三节　澳大利亚体育专业认证标准……………………（113）
　　一、高等教育质量认证标准…………………………（113）
　　二、体育类专业标准…………………………………（116）
第四节　澳大利亚体育专业认证运行机制
　　　　——以运动与体育科学协会认证为例…………（134）
　　一、运动与体育科学协会专业认证机构……………（134）
　　二、运动与体育科学协会专业认证程序……………（134）
第五节　澳大利亚体育专业认证体系的特点与启示……（138）
　　一、澳大利亚体育专业认证体系的特点……………（138）
　　二、对我国体育专业认证体系构建的启示…………（142）

第五章　加拿大体育专业认证体系……………………（146）

第一节　加拿大体育专业认证发展历程…………………（146）
　　一、加拿大体育本科专业发展历程…………………（147）
　　二、加拿大体育专业认证发展历程…………………（150）
第二节　加拿大体育专业认证组织机构…………………（154）
　　一、体育运动管理者协会……………………………（154）
　　二、北美体育管理协会………………………………（156）
第三节　加拿大体育专业认证标准………………………（156）
　　一、体育教师教育专业标准…………………………（156）
　　二、体育管理专业质量标准…………………………（160）
第四节　加拿大体育专业认证运行机制…………………（171）
　　一、认证申请的提交及缴费…………………………（171）
　　二、材料审核及修改…………………………………（171）
　　三、实地考察…………………………………………（172）
　　四、认证声明的颁布…………………………………（172）

五、认证申诉……………………………………………………（172）
　第五节　加拿大体育专业认证体系的特点与启示……………………（173）
　　一、加拿大体育专业认证体系的特点…………………………（173）
　　二、对我国体育专业认证体系构建的启示……………………（175）

第六章　体育专业认证体系的国外经验与国内构建……………（179）

　第一节　体育专业认证体系的国外经验………………………………（179）
　　一、完善的认证法规保障………………………………………（179）
　　二、独立多元的认证组织机构…………………………………（181）
　　三、能力导向、类别多样的标准体系…………………………（183）
　　四、精简的专业核心课程………………………………………（186）
　　五、规范的认证流程……………………………………………（187）
　　六、公平的认证运行机制………………………………………（188）
　第二节　体育专业认证体系的国内构建………………………………（190）
　　一、我国体育专业认证体系的构建原则………………………（190）
　　二、我国体育专业认证体系实施的阶段过渡…………………（195）
　　三、我国体育专业认证体系的运行程序………………………（196）

参考文献……………………………………………………………（204）

第一章 导论

20世纪80年代以来，随着世界高等教育由精英化阶段向大众化和普及化阶段的迈进，高等教育质量成为学界和各国教育改革普遍关注的焦点问题。因此，如何适应高等教育规模快速扩张的要求，建立一个合理、透明、高效的高等教育质量认证体系，成为各国政府迫切需要解决的问题之一。

第一节 研究背景与意义

一、研究背景

（一）我国体育专业教育规模扩展的要求

高等体育专业教育作为我国高等教育的重要组成部分，担负着培养高素质、高层次体育专业人才的重任。自1954年颁发《高等学校专业分类设置（草案）》首次设置"体育"专业（1957年增加了"运动"专业）以来，我国先后于1963年、1988年、1993年、1998年、2012年和2020年6次颁布了"普通高等学校本科专业目录"，高等体育专业设置逐步规范，并且随着社会发展需求而动态调整。其间，体育学类本科专业设置情况如表1-1所示。

表1-1 我国体育学类本科专业设置调整统计表

1963年（8）	1988年（9）	1993年（7）	1998年（7）	2012年（7）	2020年（13）
体育	体育教育	体育教育	体育教育	体育教育	体育教育
田径运动	运动训练	体育管理	运动训练	运动训练	运动训练K
体操	体育管理	警察体育	社会体育	社会体育指导与管理	社会体育指导与管理
球类运动	体育生物科学S	体育生物科学S	运动人体科学	运动人体科学	运动人体科学
武术	武术	武术S	民族传统体育	武术与民族传统体育	武术与民族传统体育K
冰上运动	体育新闻S	运动训练S	运动康复与保健K	运动康复与保健T	运动康复T
游泳	体育保健康复S	体育保健康复S	休闲体育K	休闲体育T	休闲体育T
运动保健S	警察体育S				体能训练T（2017）
	运动心理S				冰雪运动T（2017）
					电子竞技运动与管理TK（2018）
					智能体育工程TK（2018）
					体育旅游TK（2018）
					运动能力开发T（2019）

注：S为试办专业，K为目录外控制专业，T为特设专业。

60余年来,我国体育学类本科专业从无到有,从少到多,从单一到多样,从审批到备案,从控制到开放,直到精细化动态调整,已经搭建了能够满足社会实际需求,有力推动我国体育事业发展的体育本科专业人才培养格局。

截至2020年,我国共有500多所高校开办体育学类本科专业,专业布点数达到1031个,其中体育教育专业布点344个,运动训练专业布点107个,社会体育指导与管理专业布点296个,运动人体科学专业布点27个,武术与民族传统体育专业布点59个,运动康复专业布点77个,休闲体育专业布点92个,冰雪运动专业布点9个,体能训练专业布点10个,电子竞技运动与管理专业布点4个,体育旅游专业布点4个,智能体育工程和运动能力开发布点数各1个(表1-2)。随着高等教育本科专业的调整,开设体育学类本科专业的高校还将不断增加。

表1-2 我国体育学类本科专业历年布点数统计表

年份	体育教育	运动训练	社会体育指导与管理	运动人体科学	武术与民族传统体育	运动康复	休闲体育	冰雪运动	体能训练	电子竞技运动与管理	体育旅游	智能体育工程	运动能力开发	总合
2015	317	91	273	30	51	42	48							852
2016	321	95	277	29	52	49	56							876
2017	328	95	285	29	53	60	70	1	1					922
2018	336	98	290	28	55	67	80	3	6	2	1	1		967
2019	338	100	295	27	56	72	85	7	10		2		1	996
2020	344	107	296		59	77	92	9		4	4			1031

资料来源:2014—2021年度普通高等学校本科专业备案和审批结果。

从专业人才培养的情况来看，随着体育学类本科专业布点数的增加，专业招生人数也持续增长，从1991年至2015年的招生和在校人数统计如图1-1所示。

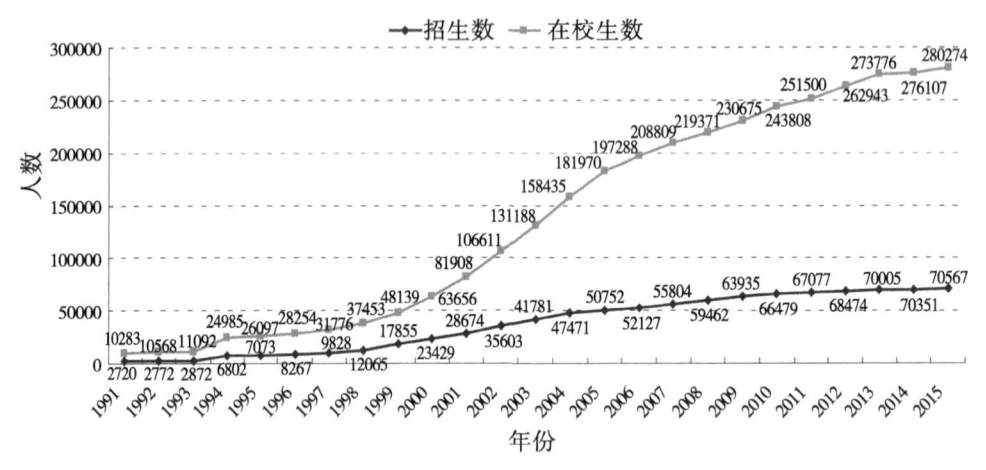

图1-1　1991—2015年体育学类本科生招生和在校生人数示意图

从招生数看，1991年为2720人，五年后的1996年为8267人，2001年为28674人（其中1998年突破万人大关，招生数为12065人），2006年为52127人，2011年为67077人，四个五年间，涨幅分别约为203.94%、246.85%、81.79%、28.68%。2014年小幅增长至70351人。2015年规模稳定且略增到70567人。从在校生数看，1991年为10283人，五年后的1996年为28254人，2001年为81908人，2006年为197288人（其中2002年突破10万人大关，在校生数为106611人），2011年为251500人（其中2007年突破20万人大关，在校生数为208809人），四个五年间，涨幅分别约为174.76%、189.90%、140.87%、27.48%。2014年小幅增长至276107人。2015年继续攀升到280274人。

通过对体育本科专业人才培养情况的统计分析可见，第一，体育学类本科各专业的招生规模基本稳定，体育教育专业的招生数量远远超过其他专业。体育学类本科专业设置主要以目录内的专业为主，目录外专业数量较少。第二，体育学类本科专业的整体招生规模与专业设置数量成正比，即体育教育本科专业设置数量明显多于其他专业，新设的智能体育工程和运动能力开发专业的设置数量最少，在保证主体专业教育质量的同时，需要兼顾其他专业的整体协调发展。第三，体育学类本科专业的开设院校数、总体布点数及人才培养规模大幅增长，较好地满足了我国经济社会发展和体育事业发展的需要。然而，体育学类本科专业教育在规模扩大的同时也面临质量提升的问题。因此，我们需要转变发展方式，从过去的注重规模和数量转向在稳定规模的基础上拼质量和内涵。扭转这一局面，迫切需要构建一套符合我国特色的体育学类本科专业教育质量保障体系，以利于进一步推动体育学类本科专业教育的快速健康持续发展。

（二）我国体育专业教育质量提升的需求

首先，我国体育学类本科专业教育质量亟待提高，在我国体育专业教育取得巨大成绩的同时，我们也必须清醒地认识到，体育专业教育质量距离国家战略目标对体育事业发展的要求还存在着相当大的差距。由于历史原因，长期以来我国体育本科专业人才培养主要以体育师资和运动员为主，而且受到过去计划经济体制的影响，体育学类不同本科专业在培养目标、课程体系、评价机制、培养模式上都呈现出一定程度的单一性，这与普及化背景下高等教育多样化发展的要求不相适应，与社会和经济发展对高层次、多类型的体育专业人才的需求不相符，与建设体育强国的要求不适应。如据麦可思年度中国大学生就业调查显示，体育教育专业分别在2010年、2012年、2013年和2014年被列为就业率较低、月收入较低且就业满意度较差的红牌专业。社会体育指导与管理专业的毕业生工作与专业对口率连续在2009—2011年排在倒数7位以内，即2011年以34%位列倒数第三，2010年以46%位列倒数第七，2009年以40%位列倒数第三。毕业生月薪低于全国水平、半年内离职率高达35%左右；运动训练专业毕业生工作与专业对口率为倒数第六（43%），社会体育指导与管理专业为倒数第四。从以上数据可以看出，伴随着招生规模的扩大，我国体育本科专业毕业生在就业率、工作对口率、月薪等方面都有下降的趋势，而这种下降趋势与教育质量有直接的关系。

其次，政府出台了一系列政策文件对包括体育专业在内的高等教育质量进行保障，如2001年教育部出台《关于加强高等学校本科教学工作提高教学质量的若干意见》（教高〔2001〕4号），强调教学工作的中心地位，突出了质量是高等学校生命线的主要思想。2003年教育部下发《2003—2007年教育振兴行动计划》，规定从2003年开始施行普通高等学校教学工作水平评估制度。2005年教育部《国家教育事业发展"十一五"规划纲要》中提出：切实提高人才培养质量；优化人才培养结构；造就和凝聚一支高层次创新人才队伍；进一步推进高水平大学和重点学科建设。2010年《国家中长期教育改革和发展规划纲要2010—2020年》中也明确指出：全面提高高等教育质量，提高人才培养质量，严格教学管理，健全教学质量保障体系，改进高校教学评估，全面实施"高等学校本科教学质量与教学改革工程。2011年胡锦涛在庆祝清华大学建校100周年大会上指出："实现中华民族伟大复兴，科技是关键，人才是核心，教育是基础。……，坚持走内涵式发展道路，借鉴国际先进理念和经验，全面提高高等教育质量，不断为社会主义现代化建设提供强有力的人才保证和智力支撑。"2012年教育部下发的《关于全面提高高等教育质量的若干意见》中再次指出：走以质量提升为核心的内涵式发展道路，完善人才培养质量标准体系，健全教育质量评估制度。可见，教育质量问题已经引起了政府的高度重视，政府通过密集出台一系列相关的政策文件，希望引起教育部门对高等教育质量问题的重视，以强化高等教育质量保障体系的建设，从而实现高等教育质量的提升。

最后，大众化阶段高等教育质量问题引起了学生和家长的关注。随着大学招生规模的不断增加，高等教育不再处于只为少数人服务的精英阶段，大学开始为更多人服务，所涉及的利益主体也有所增多，政府、社会、高校、教师、用人单位、学生、家长等都成为高等教育的利益相关者，这些利益主体共同投资高等教育，共同关注高等教育的发展，因此，高等教育要为他们负责。尤其值得注意的是，紧跟大学扩招的步伐，大学学费也随之上涨，特别是从2013年开始，全国各省份的大学学费呈现出报复性上涨趋势，从全国多地区公布高校学费调整方案来看，涨幅从10%到50%不等，学费的上涨必然引起学生和家长对教育质量的关注，他们强烈要求高校采取新的措施以保障教育质量。

由此可见，提升高等教育质量已经成为政府和社会关注的焦点。传统精英阶段下的高等教育质量保障方法已经不能有效地运用于普及化发展阶段，如何协调"规模扩张"和"质量提升"之间的关系，如何构建新的高等教育质量保障体系，已经成为普及化发展阶段包括体育专业教育在内的高等教育发展亟须解决的关键问题。

（三）国际专业认证制度的良好示范效应

积极吸收和借鉴国际先进经验是我国体育专业建设追赶国际先进行列的迫切需要。基于国际视野，许多国家尤其是欧美发达国家专业认证制度建设起步较早、体系完善，在我国高等学校体育专业认证制度建设进程中，发挥着重要的引领、指导和示范作用。如19世纪末期，随着美国高等教育规模的快速发展，单一的全国性认证机构难以满足高校的多元化需求，具有美国特色的地区性院校认证应运而生。1913年在卡内基教学促进基金会的协助下，中北部院校认证协会开始了院校认证，并于当年公布了认证院校名单，这被认为是美国现代意义上的高等教育认证的开始。据美国高等教育认证委员会的统计，全美有19个整体性认证机构和68个专业认证机构通过了高等教育认证委员会或联邦教育部的认可，这些机构分别对美国7000余所高校和两万多个专业开展认证工作。这些认证机构充当了美国高等教育质量保障的"守门人"角色，专业认证制度已经成为独具特色的美国高等教育质量保障模式，在保障美国高等教育质量方面发挥着无可替代的作用。

20世纪90年代以来，伴随着世界范围内高等教育国际化进程的加快，特别是在博洛尼亚进程和《华盛顿协议》等外部因素的影响下，德国高等教育体系面临着亟须改革的挑战。为此，德国推行了一系列的高等教育改革措施，高等教育专业认证制度就是在这样的背景下建立起来的。经过20多年的发展，德国已经形成了完整的高等教育认证制度体系，其中包括三个主体、两个层次和两种形式。三个主体分别是指认证委员会、认证代理机构和高等院校；两个层次是指认证委员会对认证代理机构进行认可、认证代理机构对高等院校进行认证；两种形式是指认证代理机构对高等院校进行认证的两种形式，即专业认证和体系认证。专业认证是德国高等教育认证制度最早采用的认证形式，其认证程序包括高校专业认证申请、提交自我评估报告、实地考察、撰写认证报告、作出认证结论。德国专业认证制度最早于1998年开始实施，经过十几年来的探索和发展，德国已建立起一个非政府性、分权式的认证体系，拥有高度规范化的认证机构和程序、多元化的认证形式以及详尽而完备的认证标准，形成了富有德国特色的高等教育认证体系。

英国高等教育认证体系的一个显著特点是认证机构负责审计高等教育机构的内部质量保障系统，并且将这种审计与"资质框架"中的教育学位或其他证书的资质相结合，审计并判断该学校是否具有内在的保障制度，使其达到"资质框架"中对应的教育标准。1997年高等教育质量保障署成立，全面负责英国高等教育质量保障工作。2001年，高等教育质量保障署与高等院校共同制定了学术基础规范。学术基础规范是高等教育质量保障的重要依据，它由4个部分组成，即《高等教育资格架构》《学科基准声明》《专业规格》和《实施规则》，其中《实施规则》是教育质量管理性文件，其他三个是教学和学术质量标准性文件。高等教育质量保障署的保障范围包括英格兰、威尔士和北爱尔兰地区的170多所大学和学院，270多所继续教育学院和海外教育机构，它为英国高等学校提供统一的综合质量保障服务。

澳大利亚的许多领域都有全国性的专业认证组织，诸如医学、法律、会计、建筑等专业协会，这些协会的认证时间较长，且具有完善的认证程序。20世纪60年代以来，随着大学生辍学率的上升和高校教学质量的下降，澳大利亚政府开始以政府拨款、奖学金和助学委员会等形式参与高等教育质量管理。2000年成立了澳大利亚大学质量保障署，旨在对大学教学质量进行外部监控。2011年澳大利亚成立了新的保障机构，即高等教育质量标准署，该机构依据《高等教育标准框架》开展专业认证工作。澳大利亚高等教育机构包括具有自我认证权的大学和无自我认证权的院校，无自我认证权利的院校需向高等教育质量标准署申请专业认证，只有通过认证，高等教育机构才有资格进行专业招生。高等教育质量标准署规定，具有自我认证权的大学也必须达到专业认证标准，以确保高校开设的专业具有一定的教学质量。

专业认证协会、高等教育机构和联邦政府共同构成了加拿大高等教育质量保证的主体，其中，全国性专业认证协会在加拿大高等教育质量保障体系中起到重要作用，加拿大有20多个全国性专业认证机构，如加拿大医学协会、工程师专业理事会、建筑行业证书局、法律协会联合会等机构。这些认证机构直接参与高校课程标准的制定，对本科和研究生学位教育进行认证，认证范围包括工程、师范、体育、医学、法律、建筑、农业和护理等。一般来说，加拿大专业认证机构只有在大学的邀请和教育主管部门的允许下,才能对高校某一专业进行认证,认证结果具有权威性,并得到社会的普遍认可,教育部门、高校可将认证结果作为专业设置的依据,而学生可将认证结果作为攻读该专业的重要参考。

二、研究意义

对我国体育专业认证体系的研究,有助于拓宽我国高等教育质量保障研究的范围,提高理论研究水平;同时,对于推动我国体育本科专业认证制度的有效实施也具有重要作用。具体来说,主要体现在以下两个方面。

(一)理论意义

首先,拓宽了高等教育质量保障研究的范围。高等教育是一种专业教育,不同专业的教育质量保障体系各有特色。体育专业作为高等教育的组成部分,以突出的实践性区别于其他专业。通过对世界各国体育专业认证体系的分析,探讨不同体育专业认证体系发展的演化过程、动力机制、构成要素、运行机制和功能价值,总结发达国家体育专业认证制度的特征,无疑会拓宽高等教育质量保障研究的视域,丰富我国高等教育质量保障研究的理论体系。

其次,推动体育专业教育质量研究的深入发展。自我国高等学校本科教学工作水平评估实施以来,体育本科专业教学质量的研究日益丰富,不论是对具体专业教学质量现状的调查分析,还是对体育专业院校教学质量保障体系的构建,学者们都进行了深入的研究。然而,目前我国对国际通用的体育专业认证体系研究成果还不多见,现有的研究也仅是对体育教师教育专业认证标准的分析。因此,本研究通过对不同国家体育专业认证体系的分析,总结国外体育专业认证的有益经验,进而推动我国体育专业教育质量保障研究的纵深发展。

(二)实践意义

首先,本研究有助于克服我国体育专业教育中存在的问题。本科教育是整个高等教育体系的基础和关键，目前我国体育学类本科专业教育在培养目标、课程体系、专业师资、教材教法、培养模式、评价机制等方面都存在一定的模糊性和单一性，这在很大程度上影响和制约了体育学科的发展以及高质量体育专业人才的培养。因此，本文在分析美国、英国、澳大利亚和加拿大等国家体育专业教育及其认证体系现状的基础上，结合我国国情，对我国体育专业教育提出有针对性的建议，这对纠正体育专业教育实践中存在的诸多偏差具有重要的现实意义。

其次，有利于我国体育专业认证体系的建设。目前，我国尚未建立起针对体育专业的认证评估机构，也没有形成全国性的体育专业认证体系。通过对发达国家体育本科专业认证体系的研究，不仅可以发现我国体育本科专业教育质量保障中存在的问题，而且可以了解发达国家体育专业认证制度的优势和特色，这对我国体育专业认证体系的构建提供了有益参考。

第二节 国内外文献综述

一、国外研究综述

（一）专业认证制度的起源与特征研究

专业认证作为一种教育质量控制方法最早起源于美国，从1885年第一个"前认证组织"新英格兰学校协会成立至今，美国教育认证制度已经走过了130余年的历程。1909年，在卡内基教学促进基金会的协助下，中北部院校协会制定了高校认证标准，这被认为是美国首次现代意义上的高等教育认证。英国学者约翰·希泽认为，高等教育质量认证是外部组织根据一套质量标准和程序，对高校进行质量监控、审计和评估，并向学生和其他利益相关者保障高等教育质量，提供相关信息的过程。美国高等教育认证委员会主席朱迪思·伊顿博士指出了美国高等教育专业认证机构的范围、类型、认证目的及其与政府之间的关系，并认为美国高等教育认证源于对公众健康和安全的关注并服务于公众利益。美国英格兰院校协会高等教育委员会副主任帕特里夏·奥布赖恩教授认为，美国认证制度的形成不仅深受美国文化价值观的影响，而且也直接反映了美国的文化价值观，例如认证中的志愿者、自我改进、追求目标实现、解决实际问题等。美国学者特里·哈特尔认为美国政府、认证机构和国会之间始终保持着一种微妙的关系，近20年来联邦政府对认证的干预呈明显上升趋势，未来有可能朝着增加政府的宏观管理、切断两者间的联系和增强认证的可信度和价值三个不同方向发展。

美国高等教育认证制度的发展至今已有100余年，形成了名目繁多的认证机构，在长期的发展过程中，美国高等教育认证制度及其实施日趋完善。从认证机构类型上来看，可分为院校认证和专业认证，从区域来看，可分为全国性认证机构和区域性认证机构。其认证机构体系框架如图1-2所示。

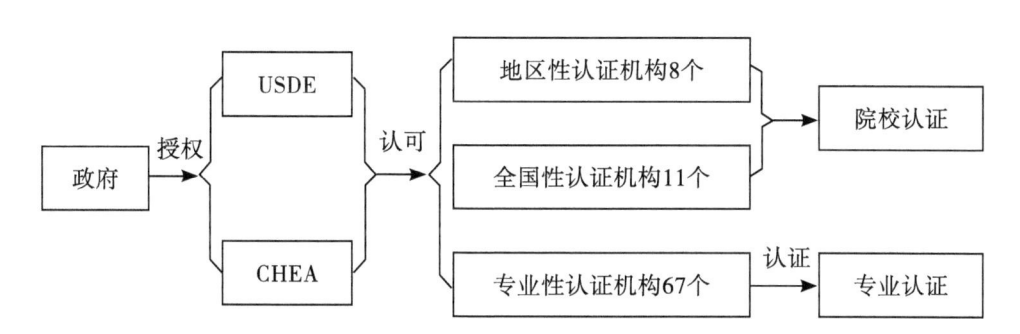

图1-2 美国高等教育质量认证体系

其中，USDE为美国联邦教育部，CHEA为美国高等教育认证委员会。从上图可以看出，美国高等教育认证机构必须通过联邦教育部或高等教育认证委员会的认可才有资格对院校或专业进行认证。

（二）专业认证制度的国际比较研究

国外不仅有专业期刊《高等教育质量保障》定期刊发教育认证方面的文章，而且许多学者出版专著对高等教育认证制度进行研究，如美国中学后教育认证委员会主席肯尼斯·杨于1983年编写的《理解认证：现代教育质量评价的理论和实践观点》，该书讨论了认证的基本问题，如认证发挥作用的方式，认证对高等教育机构、学生、从业人员和政府机构的影响，认证实践的目标、程序和存在的问题，认证机构与高校之间的协调与合作等。该书对美国高等教育认证具有重要的指导意义。澳大利亚学者艾尔姆1992年出版的《高等教育质量保障》一书考察了不同国家的高等教育质量保障体系，并对高等教育质量认证体系的国际发展进行了展望，为高等教育认证制度研究提供了多个不同的视角。英国学者杰罗德1998年出版的《高等教育质量保障：一个国际的视角》一书以美国、英国、苏格兰、新西兰、西班牙5个西方发达国家为对象，研究了这些国家高等教育质量保障的政策和内容，并详细论述相关国家教育认证的运行机制。国际经济合作与发展组织2004年出版的《高等教育质量与认可》介绍了美国、日本、加拿大、澳大利亚4个国家高等教育质量保障和认证制度。美国学者何塞·库托伊尔对美国、印度尼西亚、南非等9个国家的医疗培训专业认证实践进行了比较研究，认为印度尼西亚、南非等发展中国家的认证系统和西方发达国家的认证系统相似，都包括明确的认证标准、认证程序，然而两者认证机构的设立背景不同，发展中国家认证机构的设置是政府立法干预下的结果，发达国家认证是第三方机构促进教育质量提升的机制结果。德国学者道尔夫·威斯特迪恩2007年出版《高等教育质量保障：管理、规范与转型的趋势》一书，文中选取了美国、欧洲和南非等7个国家的高教教育质量保障体系进行研究，分析了世界高等教育质量认证的发展趋势，评估了各国高等教育质量认证制度的实施效果。英国学者穆汉德从使命、历史、管理、运作、认可、价值、资金来源等多个方面对美国、英国、埃及的高等教育认证系统进行了深入的比较研究，结果表明，每个国家的认证标准都存在着细微差异，但是仍在很多方面存在着显著的相似性。

（三）专业认证制度的功能作用研究

主要从高等教育认证对不同群体的价值和功能角度进行了分析，如美国学者杨·珂·普罗莱特和美国国际教育质量保障中心主任马乔里·莱昂等对专业认证在高等教育中的地位和作用进行了研究，他们认为专业认证质量标准可有效保障公众、学校和学生的基本利益，并可通过持续的专业自评、专家评审、咨询和服务，提高专业教学质量。美国学者桑德拉·迈尔斯认为美国高等教育认证对高校管理者、教育者、董事会成员、学生、社区和纳税者都具有重要的价值。同时，他还认为美国高等教育认证制度在高等教育内部、高等教育与政府、高等教育与社会具有多重功能。美国学者戈拉尔对高等教育认证委员会在抵制文凭作坊方面所制定的措施进行了分析，具体包括建立有效的识别工具、阻止资金流入、进行有针对性的教育等。美国学者辛吉·米尔顿认为，认证除了便于学生获得联邦政府贷款、帮助学生选择大学等益处外，还具有成本效益、促进职业发展、自我约束和促进学生流动等益处。美国学者弗兰克·穆雷认为，专业认证中存在着问责与改进的紧张关系，这是美国教育认证面临的主要困境。美国高等教育认证委员会认为，美国不同教育认证协会自成体系，各机构的认证传统、目标、标准和程序各不相同，因此，协调各机构的质量认证活动，确保各认证机构的质量就显得十分重要。美国联邦教育部认为高等教育认证具备识别高校是否达到既定质量标准、帮助学生寻找合适高校、帮助高校决定是否接受学分转移、为公共或私人资金投入寻找合适的高校或专业、保护学校免受内外部压力的伤害等9个方面的功能。

（四）体育专业认证制度实施研究

首先，在体育专业认证发展历程方面，国外对体育专业认证制度的研究起步较早（始于1950年）且走向成熟，而且更多的是以某一具体范例的形式出现，很少以体育专业认证制度的共性研究为主，涉及到的专业包括体育教师教育、体育管理、运动训练、休闲体育、运动科学等。其中又以美国体育专业认证制度的研究居多，如美国学者哈罗德·拜丽德探讨了美国体育教师教育机构认证的历史进程、具体措施和要求；美国学者艾莉森·乌瑞恩认为专业认证是外部机构确认培养单位与既有标准相符程度的过程，普遍接受；美国国家体育运动协会、美国学者肖恩·弗瑞林科和苏珊·了夫分别介绍了美国体育管理、运动训练、运动科学和教练教育等专业认证标准的历史演进和具体内容。从研究内容来看，以体育教师教育专业认证标准研究居多，如美国是较早建立体育教师专业认证标准的国家之一，美国体育运动国家协会制定了初级、高级体育教师教育认证标准，以及体育教师教育课程认证标准。此外，澳大利亚、日本、德国、英国、新西兰等国家的体育教师资格认证制度已经实施多年，认证体系发展较为完善，主要内容涉及体育教师教育政策、体育教师教育标准文化多样性、体育教师教育个人理论建构的差异性、体育教师专业身份认同、性别平衡等方面。

其次，在体育专业认证实施效果方面，美国学者艾莉森·乌瑞恩将专业认证界定为外部评估机构确认人才培养单位与既有标准相符程度的过程，并区分了鉴定、认证和许可三个核心概念，梳理了体育教师教育专业认证的发展历程，指出了体育教师教育专业存在的问题，即缺乏一线教师参与、不了解学生需求、浪费过多资源。美国学者肖恩·弗瑞林科分析了运动训练专业、运动科学专业的认证历史演进，认为体育专业认证可能会限制体育专业教育机构根据自身理念开发课程的能力，但是专业认证可以提高教学质量、保障学生就业。美国学者托马斯·坦普林认为认证可促进体育专业发展，但削减了专业自主权。美国学者乔伊·威廉姆斯通过对体育管理专业教师和管理人员的调查，认为与未参加认证的专业相比，参与美国体育管理认证委员会的认证能够提高体育管理专业的专业竞争力、市场潜力、宣传、资源获取，并且能够增加内部资源的杠杆作用以及与其他机构的同事分享成功和挑战的机会；美国学者罗纳德·海德以美国中部地区院校认证协会、中北地区院校认证协会高等教育委员会、西北地区院校认证协会和南部地区院校认证协会等区域性认证机构为例，调查分析了认证对高等教育机构绩效的影响，认为高等教育机构遵照认证标准框架将有利于提供其教育服务的绩效。加拿大学者卡特·莱德描述了体育管理专业认证实施过程中对机构使命、专业目标、学习结果、教学评价等方面的理解偏差，建议采用直接与间接相结合的方式评估学习结果。

二、国内研究综述

随着20世纪80年代教育评估制度在我国的开展，各种评估模式引入我国，作为专业教育质量保障的专业认证制度也开始进入我国学者的研究视野。国内学者纷纷对专业认证制度进行研究和探讨，以期为我国专业认证制度的开展提供一定的理论支持和借鉴。经过近40年的研究进程，其成果主要集中在以下几个方面。

（一）专业认证制度的本质特征与运行机理研究

认证是对某一机构和组织完成特定工作能力的正式认可。认证包括四个要素：第一，认证的目的在于审核一个特定的对象是否符合特定的标准；第二，认证由一个中立的机构来实施；第三，认证有正式的、规范化的程序和标准；第四，认证包括自我评估和外部评估的环节。高等教育领域的认证是一种高等教育质量保证程序，程序的最后，一个中立的认证机构会就所评估的高校或其专业作出是否符合特定标准的决定。美国高等教育认证委员会认为，认证是指高等教育机构为了保障和改进教育质量而详细考察高等院校或专业的外部质量评估活动。专业认证则是对一所学校具体专业的认证过程，主要是对专业师资队伍、课程设置、实验设备、教学管理、各种教学文件和原始资料（教学计划、教学大纲、学生试卷、作业、实验报告、毕业论文）等内容的评估。认证制度是指认证的正式、非正式规则及认证实施机制，认证正式规则包括认证机构、认证标准、认证程序和认证政策等内容；认证非正式规则包括认证主体的价值观念、伦理规范、道德观念、风俗习性等认证的制度性文化，其核心是认证价值观；认证实施机制是指认证行为主体的内在动机及其相关之间的利益关系协调。

熊耕总结了美国专业认证制度的四大特点，即自愿与强迫相济、独立与制约相倚、科学性与民主性兼顾、自治与责任并重，分析了美国专业认证制度的形成动因，指出民间性是美国高等教育专业认证制度的根本特性，并描述了美国专业认证机构、质量标准和认证程序等内容。唐艳对荷兰高等教育专业认证制度进行了研究，认为专业层面的认证是荷兰高等教育体系中最早开展的认证形式，其显著特点是将内部评估与外部评估有机结合起来。何霖俐、张贯之认为智利高等教育专业认证制度具有认证主体包容一体与多元的多维转变、认证标准注重高校自我认证与调节能力的提升、认证程序凸显广泛的公开性与透明性等特点。

王建成从市场、教育、文化和政治等因素出发分析了美国认证制度的成因，基于美国认证制度的正式规则和非正式规则，分析了认证的实施机制，并指出美国认证制度的功能价值，即规范标与推进器、代理人和缓冲阀、守门人与信息员。卢晶对专业认证制度的治理模式进行了研究，从专业认证制度的共同治理模式、共治目标等方面分析了治理机制，并基于我国国情对专业认证制度进行了适用性分析，提出了我国专业认证制度共同治理模式的途径和改进建议。

（二）专业认证制度的国际比较分析

这部分内容旨在通过对各国专业认证制度的比较分析，以揭示出专业认证制度的共性和个性，为我国专业认证制度的实施提供借鉴和参考。

汪雁分析了美国、英国、法国高等教育专业认证的组织机构、职责范围和认证运行方式，阐述了3个国家专业认证的异同点，分析了异同点产生的原因。袁丽对中美两国国家的高度教育专业认证进行了比较研究，重点分析了认证动机、认证内容、认证功能、认证机构和认证程序，剖析了美国高等教育专业认证制度的不足，并据此对我国提出了相应的建议。王保华（2007年）从历史沿革、发展现状和发展趋势3个视角，分别描述了中国、美国、英国、俄罗斯、日本等5个国家的教师教育认证机构，在此基础上，针对我国教师教育机构认证标准提出了构建原则、框架和具体指标。其中，马健生的《高等教育质量保证体系的国际比较研究》最有代表性，该著作依托于国家社科基金的资助，分别对美国、英国、德国、日本、荷兰、澳大利亚等国家高等教育质量保障体系进行研究，主要从保障体系的产生背景、组织机构、质量标准、运行机制、主要特点进行论述，最后结合我国高等教育质量保障体系中存在的问题，提出了扩大高校办学自主权、建立高等教育机构自我评估机制、发挥行业和社会中介的作用、完善质量保障的组织机构建设，加强质量标准建设等建议。

（三）体育专业认证标准与体系构建研究

首先，国外体育专业标准的解读，尹志华、王健、周珂和董国永等学者探讨了美国体育教师教育、体育管理和休闲体育3个专业，以体育教师教育专业研究居多，内容涵盖了职前、入职和职后3个阶段，具有内容全面、可操作性强、多元主体参与、强调证据来源等特点，但存在缺乏人文主义、重结果轻过程、投入与产出不成比例等问题，进而提出了加快标准制定、重视团队力量、关注学生需求、体现文化功能等建议。齐立斌认为，俄罗斯体育专业标准凸显专业能力培养、清晰的培养方向和国际一体化趋势。贾明学认为，英国体育专业标准具有受众多元性、指标可操作性、针对性和指导性等特点。

其次，体育专业标准的制定，2013年7月我国启动了《高等学校体育学类本科专业教学质量国家标准》的研制工作，标准研制过程中坚持统一性与多样性相结合、国际化与本土化相统一、人才培养与职业技能衔接的原则；黄汉升对标准的研制范式依据、内容体系、特点意义进行了详细解读；董国永、尹志华构建了体育教师教育标准体系框架结构，包括专业标准、课程标准、机构认证标准和质量评估标准等。

最后，在体育专业认证体系的构建方面，卢晶和凌晨认为，认证体系的构建处于酝酿阶段，但存在路径依赖性，应建立权威认证机构、完善认证标准、组建专家队伍、采用科学方法、提高认证积极性、与职业资格挂钩、加强国际互认。

三、研究评述

综上所述，随着我国体育学类本科专业招生规模的扩大、本科教学质量评估工作的开展，以及毕业生就业率的下降，许多学者开始关注体育专业教育质量保障问题。但是，由于研究历史较短，核心研究数量不多，且研究质量参差不齐。基于宏观角度研究教育认证的内容较多，而从微观角度研究体育专业认证体系的内容偏少。

从国外研究现状来看，体育专业认证研究已由最初的内容介绍，转向认证的实施与本质特征等深层次研究，但以认证实施具体操作和问题为主，研究缺乏系统性：①内容上以分析体育专业质量标准居多，专业认证的要素、理论体系研究尚无；②对象上主要分析美国体育专业认证，德国、澳大利亚、加拿大等国家较少涉及；③视角上主要基于认证实施具体问题提出相应对策，缺乏认证体系构建研究。

从国内研究现状来看，体育专业认证体系构建研究已取得一定成果，但整体上处于零散状态，未能实现由点到面的理论框：①内容上以质量标准研究为主，内容上大同小异，但多重复；尤以体育教师教育标准研究居多，较少涉及法律制度、认证机构、实施机制及监督管理等内容；②对象上以借鉴美国体育教师教育专业认证为主，其他专业较少涉及，缺乏对澳大利亚、德国、加拿大等国家的比较借鉴；③视角上以借鉴国外经验并提出方向性建议为主，缺乏认证体系构建的具体操作流程和可行性分析；④方法上以文献资料和对比分析法为主，缺乏理论分析，未能从理论上深入阐释我国体育专业认证体系构建机制。

总之，作为体育专业教育质量保障的重要措施之一，专业认证已经开始受到国内学者的关注，但是尚缺乏对不同国家体育专业认证体系的全面性比较分析。因此，本课题系统分析不同国家体育专业认证体系的发展背景、组织机构、认证标准和运行机制，并基于国外经验和本国国情提出我国体育专业认证体系的构建策略，深化了研究内容，拓宽了研究视野。

第三节 研究目标、思路与方法

一、研究目标

基于对比分析的视角，本课题以体育专业认证体系为研究对象，通过分析国外体育专业认证体系发展的历史进程，产生的内在原因、基本内容和实施机制，最终为促进我国体育专业认证体系的构建提供理论依据和具体建议。具体研究目标如下：①对专业认证制度的发展历史和基本概念进行梳理和辨析，为体育专业认证体系的构建提供概念框架和理论基础；②对西方主要发达国家的体育专业认证体系进行比较研究，具体分析不同国家体育专业认证制度的组织机构、质量标准和运行机制；③对国外体育专业认证体系的基本特征和发展趋势进行研究，综合分析不同国家体育专业认证体系的异同和利弊，探寻各国体育专业认证体系的共同特征和发展趋势；④分析我国体育专业评估现状和存在的问题，参考国外经验，结合我国国情，提出我国体育专业认证体系的构建策略。

二、研究思路

按照"一条主线、二个目标、三大问题、四个要素"的思路展开研究。①将体育专业认证体系构建置于高等教育普及化发展背景下展开；②以提高体育专业教学质量和体育专业教育国际化发展为目标；③围绕"认证什么""谁来认证""如何认证"三个问题研究我国体育专业认证体系构建的重难点；④从法律政策、组织机构、质量标准和监督管理四个要素入手构建我国体育专业认证体系，并探讨其运行机制和实施策略。

首先，从总体上阐述体育专业认证体系的相关概念和理论基础；其次，对美国、英国、澳大利亚、加拿大4个国家体育专业认证体系进行国别分析，并基于组织机构、质量标准和运行机制3个方面进行专题分析，总结国际经验，把握体育专业认证体系的国际现状和最新发展趋势；最后，在清晰认识我国体育专业发展历史和主要问题的基础上，结合国际经验，有针对性地提出我国体育专业认证体系的构建路径。

三、研究方法

根据研究目的和思路，本课题将采用如下研究方法。

（一）文献资料法

以"体育专业""专业认证""认证制度"等关键词分别在中国知网和EBSCO、Emerald、Springer等外文数据库进行检索；查阅国外大学（美国密歇根州立大学、英国拉夫堡大学、澳大利亚堪培拉大学、加拿大阿尔伯塔大学）和体育专业认证机构的官方网站，搜集与体育专业认证制度相关的政策文件、质量标准等材料，重点搜集中西方体育专业教学质量保障及专业认证方面的文献，主要包括代表性的著作、国内外权威期刊论文以及与专业认证相关政策文本，并对其进行细致地梳理、分类和归纳，对国内外体育专业认证体系形成基本认知。

（二）专家访谈法

选择10~15名高校体育专业负责人和教师进行深入访谈，主要咨询体育专业教育质量保障存在的问题、改进建议，以及专业认证实施的可行性和必要性；选择3~5名高等学校体育教学指导委员会成员、2~3名教育部教学评估中心专家进行访谈，了解体育专业认证制度的实施措施和建议；选择2~3名国外体育专业认证机构负责人，了解国外体育专业认证的实施程序与措施。

（三）比较研究法

对美国、英国、澳大利亚、加拿大4国体育专业认证体系进行国家之间的比较分析，总结国外体育专业认证体系的模式、方法、特征和发展趋势，并与我国本土情况进行对比，找出两者之间的关系机制，并进行适用性分析，为我国体育专业认证体系的构建提供可鉴经验和参照。

第二章
美国体育专业认证体系

美国具有规模庞大的高等教育体系，因此，如何确保高等院校的教育质量，使其培养出顶尖的国际人才是美国高等教育质量保障体系必须解决的一个重要问题。美国教育界习惯使用认证表示质量保障过程，对美国来说，高等教育质量保障与教育质量认证可作为同义词使用。体育专业教育是美国高等教育体系的重要组成部分，美国的高等院校不仅培养出了世界一流的教练员和运动员，而且也培养出了适应社会不同行业发展需求的体育专业人才。美国高等体育专业教育成绩的取得，与其长期形成的以专业认证为特色的体育专业教育质量保障体系密不可分。

第一节 美国体育专业认证实施背景

一、体育专业种类持续增加

1861年7月，迪奥·里维斯在波士顿创办的体育师范学校是美国历史上第一所体育专业院校，它的成立标志着美国体育专业教育的开始。此后，美国陆续开设了一些体育院校，如1881年创办的萨金特体育学校，1885年创办的春田学院等。这些学校以培养体育师资为主。20世纪初，美国多所高等院校设置了两年制的体育教育专业和四年制的体育学士学位，截至1920年美国已有28所高等院校设置了体育专业。20世纪70年代以后，随着经济发展速度的下滑，美国联邦政府对高等教育的投资不断减少，以培养体育师资为主的体育院校不得不进行改革。在此背景下，许多高校开设了新的非师范类体育专业，截至1987年美国开设非师范类体育专业的体育院校达到了75%，开设频率较高的专业有体育管理、运动医学、体育新闻、运动科学、运动学等。进入21世纪，随着高等教育的发展、人口结构的变化、体育产业的发展和社会需求的改变，美国再次随之出现了许多新兴体育专业，以适应社会对体育专业人才的需求。据张大超对美国9所高校体育学院专业设置的统计，开设较多的专业有：职前体育教师教育、公园娱乐管理、人体运动心理学、科学运动训练、运动生理学、体育管理、运动营养、运动医学、适应体育教育、运动生物力学、舞蹈、体育传播、体育新闻等专业。

美国高等教育新设学科专业大量涌现，经历了"实质性增长"和"反应性增长"两个阶段后，形成了比较成熟的学科专业管理体制，构建了完善的学科专业目录。根据2020年第5版学科专业目录（CIP）统计数据显示，美国体育学科专业所属学科群有逐渐增加的趋势，由1990年5个和2000年6个，到2010年7个和2020年的9个。与学科群的变化相对应，美国体育专业所属学科在数量上也存在着逐渐增加的趋势，由1990年的8个增加到2000年10个，再由2010年12个增加到2020年15个。在学科群和学科变化的影响下，美国体育专业也不断调整，整体上呈现出逐渐增加的趋势（表2-1）。

表2-1 美国4版CIP体育专业数量及名称变化对比一览表

CIP-1990（18）	CIP-2000（18）	CIP-2010（26）	CIP-2020（28）
裁判员与体育指导员	健康教师教育	体育传媒◆	体育传媒
健康教师教育	体育教师教育和体育教练	健康教师教育	健康教师教育
体育教师教育和体育教练	运动生理学◆	体育教师教育和体育教练	体育教师教育和体育教练
公园休闲娱乐研究	公园休闲娱乐研究	运动生理学	赛车运动工程技术◆
公园休闲娱乐设施管理	公园休闲娱乐设施管理	公园休闲娱乐研究	运动生理学和运动机能学★
体育与健康（综合）	体育与健康（综合）	公园休闲娱乐和设施管理（综合）	公园休闲娱乐研究
适应体育娱乐疗法	运动健康管理	高尔夫球场经营与场地管理◆	公园休闲娱乐和设施管理（综合）
运动健身管理	运动机能学和锻炼科学	体育与健康/健身管理（综合）	高尔夫球场经营与管理
锻炼科学/生理学和运动研究	休闲娱乐活动（综合）	运动机能学和锻炼科学	体育与健康/健身管理
体育社会心理学研究	运动与锻炼	健身教练◆	运动健身管理
休闲娱乐活动（综合）	旅行探险	运动研究	运动机能学和锻炼科学
运动与锻炼	运动训练/运动医师	户外运动教育◆	健身教练
旅行探险	舞蹈治疗/舞蹈治疗师	休闲娱乐活动（综合）	运动研究
运动训练和运动医学	运动治疗/运动治疗师（新）	运动与锻炼	户外运动教育
舞蹈治疗	娱乐疗法/休闲治疗	旅行探险	休闲娱乐活动（综合）
休闲治疗	动作治疗和动作教育		运动与锻炼

(续表)

CIP-1990（18）	CIP-2000（18）	CIP-2010（26）	CIP-2020（28）
动作治疗	瑜伽教师培训/瑜伽治疗◆	健身健康（综合）◆	旅行探险
运动医学住院医师	运动医学	运动培训/运动培训师	运动表演心理学◆
		舞蹈治疗/舞蹈治疗师	健身健康（综合）
		运动治疗/运动治疗师	运动培训/运动培训师
		娱乐疗法/休闲治疗	舞蹈治疗/舞蹈治疗师
		康复科学	运动治疗/运动治疗师
		动作治疗和动作教育	娱乐疗法/休闲治疗
		瑜伽教师训练/瑜伽治疗	康复科学
		运动骨科医学◆	动作治疗和动作教育
		运动医学住院医师	瑜伽教师训练/瑜伽治疗★
			运动医学住院医师★
			运动骨科医学★

注："◆"为新增学科专业；"★"为改名后的学科专业。

表2-1所示，美国体育学科专业数量明显增加。与2000年相比，2010年增设了体育传媒、高尔夫球场经营与场地管理、健身教练、运动研究、户外运动教育、健身健康（综合）和运动骨科医学等7个体育类专业，在数量上呈现出明显的扩张趋势。在此基础上，2020年体育类专业增加了2个，即赛车运动工程技术和运动表演心理学。此外，美国体育类专业主要集中在特种学科教师教育、生理病理学及相关科学、公园休闲娱乐研究、公园休闲娱乐设施管理、体育与健康/健身、公园休闲娱乐健身、休闲娱乐活动、综合医疗诊断与治疗、动作身心治疗教育、康复治疗、医学医师11个学科中。由此可知，美国体育专业主要分散在4个母体学科内，即教师教育、休闲娱乐、康复治疗和运动医学。

二、体育专业招生规模不断扩大

近年来，许多美国大学生为了能够从事与健康及医学相关的各类职业，以及能在体适能、健康促进、体育教师教育、休闲管理、运动训练等领域内就业，他们选择了攻读运动学本科学士学位。因此，运动学是美国高等教育中发展速度较快的一个专业。据美国运动学协会（AKA）对46所会员大学的调查显示：2013—2018年间，选修体育类专业的学生人数明显增加，其中本科生增长了50%，研究生平均增长了25%。

许多体育学院的招生规模都表明了体育专业具有极大的吸引力，如2014年加州州立大学有超过11300名学生选修运动学专业课程。5年前选修运动学专业的学生人数占总学生人数的6.5%，而现在这一比值已经增长了50.5%，达到了9.8%。美国大学体育专业招生规模的扩大，与体育学正式成为国家认可的学术专业研究领域分不开，2006年美国国家科研理事会正式把体育学作为生命科学的一个分支学科，标志着体育学作为一个整体学科得到了国家的认可。体育学成为科学研究领域所认可的学术专业领域对美国体育专业的发展具有极大的促进作用，标志着美国体育专业研究进入了一个新的发展阶段，同时，也必将促进体育专业招生规模的进一步扩大。

三、专业认证制度有待完善

认证是为提高教育质量而对高等教育机构和专业进行审查的活动，虽然认证对保障美国体育专业教育质量起到了促进作用,但是许多专家也认识到了认证过程存在的缺陷。根据美国学者阿灵顿、泽克纳和美国高等教育认证委员会等专家和机构的总结,学界对认证过程的批评主要包括以下几个方面:一些机构需要认证,但是它们并非出于自愿;公众和选民对认证没有很好的理解;申请认证的机构认为认证具有狭隘和封闭性;申请认证的机构认为认证具有"勾选"心态;认证标准有的过高,有的过低,并且限制了专业自主权和创造性;认证过程是一个耗时、昂贵的具有官僚主义的过程,它背离了为学院和学生提供更好服务的首要目标;与认证相连的国家系统目前已经无法起到促进专业提升的作用;认证实地调查组成员不均匀,调查质量不稳定;认证过程的有效性过于依赖领导力;认证机构数量过度增加;专业认证对学生的学习结果和学习效率产生了影响,而现在缺乏这方面的研究。

另外,有些人则认为,认证过程需要动用过多的人力和物力,而且认证次数过于频繁,一个部门或专业在通过认证审查之后,必须马上准备下一次的认证审查。如普渡大学体育健康学院教授托马斯·丹普林指出:完成教师教育认证委员会要求的每一项任务都需要花费大量时间,这比用于科研和教学的时间还要多,同时负责搜集认证数据的工作人员要花费几千个小时整理数据。普渡大学的认证报告长达100多页,而且还需要附录电子和硬件拷贝文件,认证报告后还需附上100多页的评估答辩资料。此外,教育专家肯·蔡科纳指出:按照现有标准对体育教师教育机构的课程进行调整,以及精心准备复杂的认证过程需要花费数千美元(学院额外增加数十万美元),如果把这些钱用于加强学院合作、促进专业发展、增加教师工资、资助贫困学生、进行教学改革,那么,与现在高度理性化的认证系统相比,教师教学效果可能会更好,学院收益也会更大。

认证制度肯定会长期存在下去,因此,如何对认证加以改进就成为了人们关心的问题。一方面,有人认为其他内部和外部的专业审查形式同样可以起到认证的作用,如乔治亚州立大学体育教师教育学院13年来一直对其专业实行长期的、以科研为基础的、综合的内部评估。虽然没有通过国家教师教育认证委员会的认证,但专业发展的也相当不错。另一方面,从研究的视角来看,除了对认证结果进行描述以外,人们需要更多的认证数据和信息,这样才能提高认证的影响力和公信力。经过长期的发展,美国已经形成了以认证制度为核心的体育专业教育质量保障模式,虽然美国体育专业认证制度存在缺陷,而且在不断发展变化,但是总体来说,它有效地促进了体育专业教育质量的提升。

第二节 美国体育专业认证机构

美国高等教育体育专业认证机构包括两个部分,即针对认证机构的认可机构和针对高等教育专业的认证机构。认可机构的主要职责是审查与监督专业认证机构,以确保不同专业认证机构规范、合格的开展专业认证工作。专业认证机构则负责某一具体学科专业的认证工作。两个机构相互协调,以实现提高高等教育质量的目的。美国大学的体育专业设置坚持以市场需求为导向,行业领域需求是大学设置体育相关专业的重要依据。据2015年美国运动学协会官网公布的数据显示,美国设有体育专业的高等院校有879所,与体育专业相关的认证机构共有10家(表2-2),这10家认证机构必须取得美国教育部和高等教育认证委员会的认可后,方有资质开展专业认证工作。

表2-2 美国体育专业认证机构统计

序号	认证机构名称	对应专业
1	教师培养认证委员会(CAEP)	体育教育
2	体育管理认证委员会(COSMA)	体育管理
3	北美体育管理委员会(NASSM/NASPE)	
4	教练教育认证委员会(NCACE)	运动训练
5	运动训练教育认证委员会(CAATE)	
6	国家娱乐与公园协会(NRPA)	体育休闲
7	美国休闲协会(AALR)	
8	美国运动生理学家协会(ASEP)	运动人体科学
9	运动科学认证委员会(CoAES)	运动康复
10	美国职业治疗教育认证协会(AOTA)	

据综合资料整理。

从表2-2可以看出，美国同一体育专业一般会有多个认证机构。美国是一个分权制国家，多元化是美国的一大特色。实际上，同一个领域出现两个或多个评估机构是十分正常的，美国人的传统观点认为，多样化是解决问题、提供服务的最好方式。因此，美国许多行业都存在两个认证机构并存的现象，如商业领域的"商学院促进协会"和"商学院与方案协会"；医护领域的"学院护理委员会"和"全美护理认证委员会联盟"；司法领域的"美国法学院联合会"与"美国律师协会"。因此，美国体育专业多元化认证机构的存在体现了美国多元化文化的特征，而且有利于不同认证机构的相互竞争，共同促进体育专业教育质量的提升。本文分别以教师培养认证委员会、体育管理认证委员会、教练教育认证委员会和运动科学认证委员会为例，详细阐述美国体育专业认证机构的发展历程与特征。

一、教师培养认证委员会

教师培养认证委员会（CAEP）由两个认证机构合并而来，分别为全美教师教育认证委员会和教师教育认证委员会。自1954年成立以来，全美教师教育认证委员会一直负责美国体育教师教育专业认证工作，但是该委员会在提升教师质量的同时也积累了诸多问题，如认证标准冗长复杂、认证过程费时繁琐、认证费用昂贵、认证效率低等。1997年3月，一些不满全美教师教育认证委员会的教师教育机构组建了新的认证机构，即教师教育认证委员会，该协会以全新的认证理念和灵活的认证方式吸引了众多教师培养机构的参与，并获得了美国高等教育认证委员会和联邦教育部的支持与认可。同一个专业存在两种具有不同认证标准和程序的认证机构，不仅表明该领域存在严重分裂，而且带来了重复认证、认证风格与标准不一致等问题。另外，部分高校批评教师教育认证委员会的认证存在着过于依赖自我评价、缺乏认证标准、认证过程随意等问题。这些弊端的存在使得高校无所适从，也增加了认证成本。因此，体育教师教育专业认证制度改革势在必行。

早在20世纪90年代，全美教师教育认证委员会就开始进行自身改革，如简化认证要求、减少财政赤字、缩减评估人员、吸引私立基金、建立数字驱动与基于表现的认证体系等。进入21世纪，全美教师教育认证委员会进一步调整自身认证标准以满足社会对教师培养的要求,如从注重投入性认证转向以输出为导向的认证,强调学生在达标方面的证据等。经过数次改革,全美教师教育认证委员会和教师教育认证委员会认证理念与标准的差异逐渐缩小。2008年5月,美国教师教育学院协会发表了题为《构建同一个教师培养认证体系的协议》的报告,指明两个委员会存在着合并的共同价值,并且指出了两者合并的过渡计划。2009年,美国48个州联合宣布建立统一的基础教育质量标准,这为两个机构的合并奠定了坚实基础。2013年7月,两者正式合并为教师培养认证委员会,2014年9月教师培养认证委员会获得了联邦教育部和高等教育认证委员会的双重认可,2016年开始全面实施新版认证标准(表2-3)。

表2-3 美国体育教师教育专业认证机构演变历程

时间	事件
1954	全美教师教育认证委员会(NCATE)成立
1997	教师教育认证委员会(TEAC)成立
2009	全美教师教育认证委员会和教师教育认证委员会组建联合认证规划团队
2010	(1)就认证规划报告向公众征求意见 (2)全美教师教育认证委员会和教师教育认证委员会召开联合会议,宣布进入合并操作阶段 (3)教师培养认证委员会召开第一届董事会
2012	(1)标准与绩效委员会召开会议 (2)开发新版标准和绩效评价措施
2013	7月1日教师培养认证委员会正式成立;8月29日教师培养认证委员会董事会批准新版认证标准
2014	教师培养认证委员会获得高等教育认证委员会(CHEA)的认可
2016	全面实施新版标准,全美教师教育认证委员会和教师教育认证委员会的标准不再使用

教师培养认证委员会是在前两个认证机构的基础上成立的一个非官方、自愿性的专业认证机构,教师培养认证委员会重新审视了自身职责,并对认证框架体系做出了相应调整,新的框架体系具有以下特点。其一,愿景明

确。将愿景描述为"成为卓越的教师培养认证机构",其前瞻性和目的性更加明确。其二,使命清晰。委员会旨在"通过以结果和证据为基础的、持续完善的认证促进卓越教师的培养,进而促进P-12学生的学习和发展",区别于以往课程本位、目标本位的认证,教师培养认证委员会在新使命中直接将结果和证据作为认证基础,表明新一代专业认证体系更加重视学生的学习结果,以及为表明学习结果而提供的证据。其三,流程规范。优化了前两个认证机构的认证流程,以证据为主线,更加关注培养机构的持续改进和创新能力。其四,业务扩大。站位更高、视野更宽,认证范围更广,不仅包括教育学院师范类专业及各类资格证书,还包括学士、硕士和博士等多层级学历水平的认证等。因此,所有开设体育教师教育专业的高校均需向教师培养认证委员会申请认证。

教师培养认证委员会保留了原有两个认证系统的优点,并增加了教师认证领域最佳创新思维方式,重新修订了审查程序,建立了以结果和证据为导向的认证过程,秉持质量提升系统改进、革新和健康的持续发展。其最终目标是促进所有P-12学生成绩的提高。教师培养认证委员会作为美国体育教师教育专业唯一的认证机构,涵盖了广泛的传统及非传统体育教师培养机构,预示着体育教师教育新的发展趋势。

二、体育管理认证委员会

成立于1985年的北美体育管理专业协会是美国最早的体育管理专业认证机构,2008年1月,北美体育管理专业协会和国家运动与体育协会联合成立了体育管理认证委员会(COSMA)。体育管理认证委员会是一个非政府组织,对美国高校体育管理专业的教育质量起到了很好的监控作用。2008年12月31日,美国体育管理认证委员会正式开始接受各教育机构的会员资格申请,申请认证的专业一旦经过认证批准,其认证有效期长达7年。

体育管理认证委员会是美国体育管理认证体制中的执行主体,它是受美国联邦教育部和高等教育认证委员的监督和管理,是具有第三方性质的非政府、公益性机构。该委员会主要由体育管理教育机构代表、体育管理专家等专业人员组成。其职责主要包括制定规范的认证标准、组织专家进行实地考察、完成考察报告等。体育管理认证委员会的目标是通过认证提高体育管理专业教育质量，并基于成果评估和任务驱动，利用程式化的认证标准和流程帮助受评机构发现问题、弥补不足，最终为通过认证的高等体育教育专业机构提供资质认可证明。

体育管理认证委员会的董事会对认证结果拥有决定权，董事会由5名成员组成，主要负责将认证结果及时、客观地向社会公布，便于社会各界及时了解认证申请高校的真实情况。除此之外，董事会还负责监督管理整个认证过程，总结专家组的实地考察报告，为受评单位提供建设性意见。在长期理论探索和认证实践的支撑下体育管理认证委员会已经颁布了业界公认的体育管理专业认证标准。

体育管理专业认证具有以下四个方面的作用：①基于认证颁发资质证明，认可高等体育管理专业教育的办学资质；②通过认证，对不同层次的高等体育管理专业教育进行区分，为社会传递客观真实的教育机构信息；③通过认证刺激和鼓励高等体育管理专业优化教学质量、改善学生学习条件、强化师资力量、鼓励科技和教学创新；④作为第三方中立性的认证机构，为投资者、赞助商、学生、家长、雇主单位提供真实的院校质量信息，以外部力量刺激高校产生强烈的认证参与愿望。

此外，根据服务对象的不同，体育管理认证委员会目前有三种类型的会员：第一种是机构会员，即有资格授予体育管理专业学士学位、硕士学位，且办学历史超过4年以上的教育机构，此类会员单位可以自行推选人员（如机构负责人或其他系、院领导）作为该教学机构在体育管理认证委员会的代表，代表具有投票权；第二种是个人会员，这类会员主要是高等体育管理专业的教职员工、管理者或运动爱好者，个人会员没有投票权；第三类是公司会员，主要针对支持该协会运行的公司，公司会员也没有投票权。通过认证的高等体育管理专业教育机构将拥有该协会的机构会员资格，并在各项事务中拥有投票权。

三、教练教育认证委员会

美国教练教育认证制度可追溯到20世纪50年代，当时，为了有效解决体育教练员执教水平下降的问题，国家教育协会教育政策委员会建议对校际体育教练员实施认证。20世纪60—70年代，美国健康体育休闲协会（即现在的健康、体育、休闲、舞蹈联盟）与州立高中协会全国联合会、体育运动国家协会等机构共同举办了3次专门会议以讨论体育教练员的认证问题，1967年美国健康体育休闲协会下设的教练认证工作组制定了教练员最低标准，并搜集到了相关材料。20世纪70—80年代的相关文献报道表明，当时国家开始放松对教练员认证的要求，仅有部分州还要求对体育教练员进行教育培训。

随着1972年教育法修正案第九条的颁布与实施，美国青少年运动参与人数大幅增加，尤其是女孩运动参与程度达到了新高，据统计，当时美国各类学校里的成人教练员人数为100万左右，合格教练员人数远远不能满足运动参与人数增长的需求。1985年，希思黎和查普尔的研究发现，女性运动队及其预算的增加导致了教学岗位的减少，许多教师教练员不得不放弃教练岗位而专职于体育教学工作，由此对学校体育管理工作造成了严重后果，即随着对教练员需求的增加，雇用兼职教练员越来越困难，从而不得不降低对教练员岗位的聘任要求。从历史上看，美国曾经强制要求教练员必须是经认可的合格教师，但是由于众多教练员专职于体育教学工作，使用非教师教练就成为学校管理者解决教练员短缺问题的主要方式。希思黎和维泽使用"跑龙套教练"和"街道教练"来形容这些不具备教师资格的教练员，国家则倾向于使用"非教师教练""非教学教练""无资质教练"等词语来形容这些教练员。因此，对这些非教师教练员进行"认证"或"授权"就显得极为紧迫。

20世纪80年代中期，美国妇女运动协会和体育运动国家协会联合针对教练认证资格展开调研，自此，体育教练员的认证问题又被重新提及，最终的调研报告建议制定相关培训方案，以培养技能熟练的教练员。2000年10月，教练教育认证委员会（NCACE）正式成立，该委员会的使命是为运动参与者提供合格的教练员，协会的成立进一步促进了教练教育的发展。2016年5月，委员会修订颁布了新版《教练教育专业认证指南》，系统阐述了教练教育专业认证的标准和程序。截至2020年底，美国已有28个教练教育专业通过了认证，其中，一级认证6个、三级认证18个、五级认证4个，另有8所高等院校的教练教育专业正在申请认证。

教练教育认证委员会是美国教练教育认证方面的权威机构，该协会是一个由全国体育领导人组成的非盈利性组织，其使命是为运动参与者提供合格的教练员，为此，委员会需要对教练员培养机构和组织进行审查，开展国家认证和认可工作，以达到不断提高教练员培养质量的目的。教练教育认证委员会开展专业认证的具体工作由董事会、评审员、协调员和审查小组负责，董事会由6～9人组成，其中大学校长3人，执行董事1人，成员2～5人，董事会的服务周期为3年；评审员从委员会成员中招募，需要经过专业培训并获得相应资格，评审员主要负责认证申请材料的审查；协调员由董事会任命，主要负责培训评审员、裁决评审员的调查结果，并向董事会提交包含认证结果的评审报告；审查小组由3名评审员组成，负责评审教练教育机构提交的认证文本，并对认证机构提交的反驳报告作出最终裁决。

教练教育认证委员会严格的审查过程确保教练教育机构符合《教练教育专业认证指南》的要求，并且能够有效满足每一个运动员独特的发展需要。通过有远见的专家团队评审，教练教育认证委员会能够为教练教育专业的设置、运行和评价提供经验丰富的高质量指导。

四、运动科学认证委员会

随着消费水平的逐步提高，现代人对健康的需求愈加强烈，健康产业已经成为21世纪引导全球经济发展的朝阳产业。美国运动科学专业是一个广泛的学科领域，不同高校运动科学专业开设的主干课程主要包括：生物力学、运动营养学、运动心理学、运动控制与发展、运动生理学等。运动科学专业人才的培养机构必须开设以上学科课程。运动科学专业毕业生可在运动健康健身领域内就业，毕业生能够熟练评价健康行为及其风险因素，进行健身评估和撰写运动处方，并激励个体改变不良的健康习惯，保持积极的健康生活方式。他们可以在大学、公司、商业或社区内开展与体适能相关的活动，以提升顾客的健康水平。

其中，成立于2004年4月的运动科学认证委员会（CoAES）属于联合健康教育认证委员会的一个分支机构，其使命包括两个方面：一是制定运动学科专业认证标准和指南，为学生将来在健康、健身和运动领域内就业做好准备；二是针对所有寻求联合健康教育专业认证委员会认证的专业，构建并实施一套自我评估、评审和推荐的认证流程。目前，已经有54个运动科学本科专业通过了认证。

运动科学认证委员会由12名董事会成员组成，其中包括1名主席、10名个人成员和1名美国运动医学学会的特定代表。其中，董事会主席的职责包括：与认证管理员合作，确保各种报告按时完成并提交给联合健康教育认证委员会；参加每年1月和7月的领导人会议；与联合健康教育认证委员会工作人员合作，确保及时更新认证政策和程序；与董事会保持联系，向联合健康教育认证委员会通报自身业务运作和问题；确保按计划审查认证标准；安排电话会议和现场会议的议事日程；主持召开年度会议；定期参加电话会议；帮助审查年度报告；参与实地考察（每年至少1次）；为新专业的自我评估报告提供帮助；拥有最新的运动科学证书；作为成员具备运动科学专业认证的经验。

董事会成员的职责包括：参加年度会议、定期参加电话会议、帮助审查年度报告、参与实地考察（每年至少1次）、为新专业的自我评估报告提供帮助、拥有最新的运动科学证书、作为成员具有运动科学专业认证的经验、自愿参加每年1月和7月的领导人会议。

运动科学专业认证具有以下特征：①认证是以教学结果为基础的，因此，认证不会对教师人数、实验室面积和设施规模等产生影响；②认证的目的在于确保专业能够达到国家标准和指南的要求；③通过认证的专业能同时获得相关赞助机构的官方认可，这些机构包括美国运动学协会、美国运动医学学院、美国运动治疗协会、库珀研究所、国家运动医学协会和国家力量健身协会。得到赞助机构的官方认可能够有效吸引优秀学生及家长的青睐；④通过认证的专业，其学生将获得相关资助机构的认证考试资格，节约了学生的考试成本，并为认证专业提供了额外的测量结果数据。

对于运动科学专业及其学生来说，通过认证具有诸多利益。对学生来说，可增加自身潜在的价值和能力，提高就业机会、增加就业率；对家长来说，可通过具体的成果数据识别认证的好处，如学生获得资助机构提供的奖学金等。

第三节 美国体育专业认证标准

专业认证标准一般因学科专业的差异而有所不同，但基本上都包括了学生、教师、目标、设施、管理等诸多方面的内容。从标准的类别上可分为机构标准和教育标准，尽管两者的内容不一致，但均十分强调对学生学习成果的评价。本文仅以体育教师教育专业为例，阐述美国高等体育专业认证标准的具体内容和特点。

一、体育教师教育标准的制定背景

进入20世纪80年代，美国兴起了以提高教育质量为宗旨的教育改革运动，这场运动以1983年美国优质教育委员会的报告——《国家处于危险之中：教育改革势在必行》的发表为启动标志，此后美国颁布了一系列重要大型报告，如1985年美国优质教育委员会颁布的《教师教育变革的呼唤》，该报告聚焦于教师教育质量相关问题；1986年3月，卡内基专业教学小组发表《国家为培养21世纪的教师做准备》，该报告从6个方面建议提高教师教育专业质量。这些大型报告对美国教育改革、体育教育发展和体育教师教育认证制度的完善产生了巨大推动作用。

在联邦政府以法律文件的形式改进美国教育的同时，美国民间组织则将提高教育质量的目标转移到提升教师专业水平上，试图通过提高教师的专业水平和技能，来保障高等教育质量。自20世纪50年代以来，美国逐渐形成了两类重要的教师教育认证标准：一是针对体育教师教育机构的认证标准，包括全美教师教育认证委员会制定的标准、教师教育认证委员会制定的标准，以及由两者合并而成的教师培养认证委员会（CAEP）制定的标准；二是针对教师个人的认证标准，如美国健康与体育教育协会（SHAPE America）制定的体育教师标准。两类标准在不同的时代背景下出现，并且在标准的制定主体、制定类别与内容、认证程序和制度上出现多元化、系统化和层次性的特点，共同构成了美国体育教师教育专业认证标准体系，在促进美国体育教师教育的专业发展与提升美国体育教师专业水平上起到了重要作用。

二、体育教师教育机构标准

（一）标准的基本内容

教师培养认证委员会在成立前的合并过渡期内，便成立了标准绩效委员会，以负责教师教育机构认证标准的制定工作。该委员会成立了5个工作小组（图2-1），每个小组在交叉性问题通知委员会及其工作小组的联络协调下，基于多样性和技术性原则，按维度制定和开发机构标准。

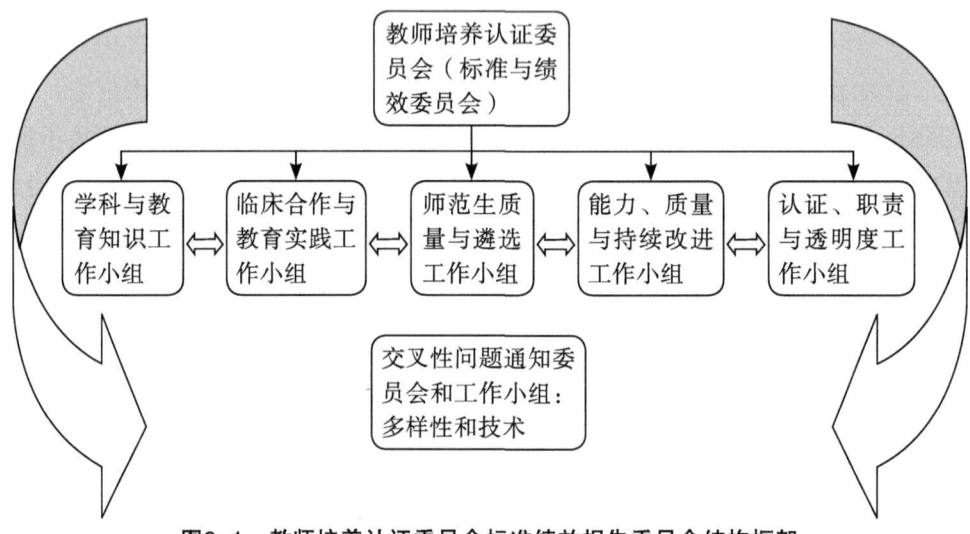

图2-1 教师培养认证委员会标准绩效报告委员会结构框架

体育教师教育机构标准的制定坚持两个原则，其一，须有可靠的证据表明师范毕业生是有能力、有爱心的教育工作者；其二，须有可靠的证据表明教师教育工作者有能力创造一种证据文化，并以此支持和强化专业教育质量。新标准是教师教育机构、专业协会、教师教育者、中小学教师和学生家长共同协商的结果,也是体育教师培养机构必须达到的最低认证要求。新标准于2013年9月颁布,经过3年的过渡调适后在全国范围内实施(表2-4)。

表2-4 美国体育教师教育机构认证标准

维度	考察指标
1. 学科内容与教育学知识:确保师范生深入理解学科领域的重要概念和准则,确保其毕业后能灵活运用专业知识和教学经验帮助学生学习,使所有学生达到升学或就业的标准	师范生的知识、技能和专业品性:1.1 师范生在学生学习、教学内容、教学实践和专业职责等方面的理解水平达到州际教师评估与支持联盟(InTASC)的10条标准要求 教师培养机构的责任:1.2 确保师范生能够运用科研和证据理解教学职业、评价P-12学生的进步和自身的实践能力;1.3 确保师范生应用学科内容和教育学知识的能力符合专业协会标准(SPA)、专业教学标准委员会标准(NBPTS)以及州或其他认证机构的要求;1.4 确保师范生掌握技能、确立信念,使其培养P-12学生达到升学和就业标准;1.5 确保师范生在教学设计、实施和评价自己工作和促进学生学习时,能以信息技术为准绳并加以应用
2. 临床合作与教育实践:通过有效合作和高质量的临床教育实践促进师范生掌握知识、技能,培养职业品性,并对P-12学生的学习和发展产生积极影响	临床合作:2.1 教与中小学和社区共建互惠的合作机制;合作形式、参与主体和功能设置多样化,共同拟定师范生录取、培养和毕业要求,确保理论与实践、临床实习与学术环节的联系,共担师范生培养职责 实习导师:2.2 合作方共同选拔、培训、评价、支持和留任优质实习导师,确保留任的实习导师对P-12学生学习产生积极影响,利用多种评价指标和技术手段建立和改善标准,以选拔、评价、提升和留任实习导师 临床实习:2.3 与实习单位共同设计有深度、广度、多样性和一致性的实习方案,保证师范生展示出发展潜能及其对学生学习的积极影响。实习方案包括提高技术的学习设计,并按照多样化的表现性评估要求来组织实施,展示出师范生在知识、技能和专业品性等方面的发展,并与维度1的要求一致

37

(续表)

维度	考察指标
3. 师范生质量、招生与选拔：持续关注师范生培养质量和责任担当，包括从招生、录取到课程、实习，从决定教学是否合格到推荐资格证等。展示出培养优质师范生是培养方案的阶段目标，并通过满足专业影响力来达成	多样化招生计划：3.1 制定的招生计划和目标能够吸引来自不同背景和种群的高质量生源，确保录取的新生反映了P-12学生多样性的特点，展示出满足了国家、州、地方或社区师资短缺学校和学科的师资需求 师范生学习成绩：3.2 建立入学标准和选拔程序，确保最低入学平均绩点成绩平均值达到3.0以上，入学成绩逐年上升，ACT在2016—2017年度进入前50%、SAT到2018—2019年度进入前40%，GRE到2020年进入前33%，并优先录取成绩较高者。培养机构监测新生入学成绩以及分校新生质量和多元化背景 其他选拔因素：3.3 在入学和培养环节对师范生的专业品性作出规定并加以监测。选择合适的评价标准、方法、可靠有效的证据和详实的评估报告，来展示师范生在学术和非学术方面的发展水平 培养过程选拔：3.4 制定培养方案改进标准，监测师范生培养过程，师范生展示出按升学和就业标准进行教学的能力。提供多元化证据表明师范生掌握了学科知识、教育学知识与技能、信息技术以及各领域知识的技术整合能力 毕业遴选：3.5 推荐师范生申请教师资格证书之前，培养机构需书面证明师范生的学科教学知识已达到了证书规定的最高标准，能通过有效教学促进P-12学生的学习和发展。3.6 推荐师范生申请教师资格证书之前，培养机构需书面证明师范生理解了社会公众对教师职业的期望，包括师德、专业实践标准和相关法律政策。CAEP将根据最新研究成果修订认证标准
4. 专业影响力：培养机构展示其对师范生的影响，包括师范生对P-12学生学习、课堂教学的影响，展示学校和师范生本人对培养工作切实性和有效性的满意度。	对学生学习和发展的影响：4.1 记录并使用多种手段测量师范生实现P-12学生预期学习水平的情况，包括可利用的各种测量手段，如学生进步率、目标达成度等各种增长指标，以及各州支持P-12学生发展的其他措施 教学有效性指标：4.2 培养机构通过结构化观察工具、学生调研，展示出师范生有效运用了培养方案中规定的专业知识、技能和品性 用人单位满意度：4.3 运用有效和可靠的证据评估措施（如升迁率、留任率等）来证明用人单位对师范生履行教师职责能力的满意度 师范生满意度：4.4 运用可靠和有效的证据及评估措施证明师范生能意识到其接受的教育与工作职责息息相关，且培养工作是有效性

(续表)

维度	考察指标
5. 教育质量保障和持续改进：制定教育质量保障体系，基于调查数据、证据和毕业生质量持续改进教育质量，提升师范生学习结果和能力要素，提高师范生对P-12学生的学习和发展的影响	质量和战略评估：5.1 教育质量保障体系由监控师范生发展成就、机构运行效率等多样化评估手段构成，提供的证据显示培养机构达到了CAEP的全部标准；5.2 质量保障体系的评估措施要具有相关性、可检验性、典型性、累积性和可执行性，提供的证据能保证对数据的解释是效性的和内在一致的 持续改进：5.3 根据培养目标和标准要求常规、系统的评估实施结果，并进行长期跟踪研究，对师范生选拔标准改革措施及其后续影响进行监测，运用调研结果改进培养方案；5.4 对师范生影响力评估数据进行总结、外部比较、分析和分享，并由此对培养方案、资源分配和未来发展作出决策；5.5 确保校友、雇主、师范生、学校、社区等合作方能参与培养方案的评估与改进，并形成对优质培养模式的共识

从表4-4可知，新版教育机构标准分为维度和考察指标两个部分，其中维度是对体育教师培养机构具体领域的要求，分为学科内容与教育学知识，临床合作与教育实践，师范生质量、招生与选拔，专业影响力，教育质量保障和持续改进5个方面，表内附加了对维度内容与目标的解释。考察指标是对维度内容的具体化，分为16个方面、23条指标，涵盖了专业招生、知识体系、临床实习、师资配备、学习成果和质量保障等内容。

（二）标准内容的变化

新版教师教育机构标准是在2008年版标准基础上修订而成的，与原标准相比，新标准具有以下几个方面的变化。

1. 制定理念的变化

首先，注重结果评价，强调对基础教育的实际影响。早在20世纪90年代，不少学者就尝试建立"证据链"，将学生学业成绩作为教师教育质量的评价指标。教师培养认证委员会体现了这一要求，即高度重视体育师范生的培养结果，其内容包括师范生是否掌握了基础知识和实践技能，是否具备了职业品性并加以展示，培养机构是否能够提供有力证据证实学生的能力等。把认证重点放到学习结果上，可以促使培养机构把注意力集中到学生学业成绩的改善上，同时可以避免因轻视投入而导致认证结果不公平现象的发生。此外，新标准还解决了对教育结果的简单化理解问题，即不仅重视师范生的知识、技能和品性，而且关注这些结果给中小学生带来的"实际影响"。如标准中多次提到关注P-12学生的多样特征，通过认证促进P-12学生的学习、升学、就业和发展等。可见，新的认证体系对师范生的评价从其毕业之前延伸到毕业之后，真正实现了"通过增值性评价区分教师教育有效性"的改革初衷。

其次，突显证据本位，构建证据文化。注重结果的认证需要足够的证据予以支持，原有认证体系对证据的要求过于模糊，致使认证专家无法客观、一致地评价体育教师培养绩效的有效性。2000年4月美国教师培养研究委员会颁布《教师培养：建立健全的证据政策》，要求为教师培养过程提供有效的科学证据。新版教育机构标准充分践行"证据本位"的理念，体现在3个方面：①凸显证据的重要性，每一个评价结论的形成都必须基于证据，进而形成一种证据文化；②强调证据的真实性，教师培养认证委员会要求培养机构提供的证据几乎都是师范生学习过程和学习活动表现的记录，以及师范生通过某种措施激发P-12学生学习活动的记录，这是一种真实性评价；③重视证据的全面性，培养机构提供的证据必须涵盖体育教师培养的全过程，包括专业设计合理性证据、招生培养证据、教育结果证据以及专业质量持续改进证据等。

2. 维度与指标数量的变化

与2008标准相比，新标准在维度和考察指标的数量上都有所变化（表2-5）。维度方面，2008标准由6个维度组成，新标准则减少为5个，并且这5个维度的顺序安排更具逻辑性，首先，安排影响体育师范生培养质量的三个最重要因素（学科教育知识、实践技能和师范生质量），即将维度1、维度2和维度3放在整个标准体系的首要位置；其次，教师培养认证委员会认为教师教育的终极目标是培养高质量的师范生，并通过师范生促进P-12学生的学习和发展，由此确定维度4；最后，考虑到以上4个维度目标的达成依赖于教育质量保障及其持续改进，由此确定维度5。

表2-5 美国2版体育教师教育机构标准内容变化对比

2008版		2017版	
维度（6）	考察指标（28）	维度（5）	考察指标（22）
1.知识、技能和专业意向	（1）综合内容知识；（2）教育学知识和技能；（3）专业知识和技能；（4）学生学习；（5）其他专业知识和技能；（6）学生其他学习；（7）专业意向	1.学科内容和教育学知识	（1）师范生知识、技能和专业品性；（2）教师培养机构的责任
2.评价体系和机构评价	（1）评价体系；（2）数据搜集、分析和评估；（3）数据的运用	2.临床合作与教育实践	（1）临床合作；（2）实习导师；（3）临床实习
3.教学实习和临床实践	（1）实习合作；（2）实习规划、实施和评价；（3）知识、技能和品性的展示	3.师范生质量、招生与选拔	（1）多样化招生计划；（2）师范生学习成绩；（3）其它选拔因素；（4）培养过程选拔；（5）毕业遴选
4.多样性	（1）课程设计、应用和评估；（2）教师合作；（3）师范生合作；（4）学生合作	4.专业影响力	（1）对学生学习和发展的影响；（2）教学有效性指标；（3）用人单位满意度；（4）师范生满意度
5.教师资质、表现和发展	（1）教师资质；（2）教学实践经验；（3）学术水平；（4）服务社会；（5）教师绩效评价；（6）教师支持与发展	5.教育质量保障与持续改进	（1）质量与战略评估；（2）持续改进
6.机构管理和资源	（1）机构职责；（2）经费预算；（3）人事管理；（4）机构设施；（5）机构技术资源		

注：括号中的数字表示所属指标的个数。

此外，新标准的指标数量有所减少，即由2008标准的28个指标缩减为23个。每个维度的考察指标更加清晰、明确和可操作。如维度1中关于学科内容和教育学知识的内容，2008标准采用7个指标进行评价，即内容知识、教学法知识、专业知识和技能、学生知识学习、相关知识技能、相关学生学习和专业品性，这7个指标不仅在逻辑关系上缺乏明晰界定，而且个别指标的含义存在重叠。而新标准则从两个方面进行评价，然后再细分成5个具体指标加以规定，规范了体育师范生掌握学科内容和教育学知识的范围和水平，以及教师培养机构在此过程中的职责。这样，教师培养机构在申请专业认证时，只要对照考察指标即可了解每个维度需要达到的具体目标，进而准备并提交相关的认证材料，操作性较强。

3. 强调重点与内容的变化

由表2-5可知，2008标准主要从输入角度构建教育质量保障体系，如培养机构评价体系的建立、教师水平的提高、经费预算与资源管理等。教师培养认证委员会则重点从输出角度构建教育质量保障体系，如强调体育师范生的临床实践能力、对P-12学生学习的影响、用人单位满意度、培养质量提升与持续改进等指标，这体现了两个标准在认证理念方面的差异。以结果为导向的认证理念在于引导教师培养机构树立以学生为中心的教育观，通过师范生学习效果的评价与反馈来持续改进专业教育质量。

此外，新标准在指标内容方面也有较大变化。首先，严格把控体育师范生来源质量和选拔标准，2008标准虽然提到招生不同类型的学生，但描述比较简单。而新标准对体育师范生的选拔、培养和毕业都具有十分详细的要求。如培养机构须建立明确的入学标准和选拔标准，入学平均成绩绩点在3.0以上，国家测试成绩排名位置逐年提高，且优先录取成绩较高者。这个规定意味着今后美国体育师范专业不允许开放招生，意在提高"门槛"选拔优秀人才从教，从源头上提高体育师范生生源质量。

其次，强调与实习单位的合作关系。全美教师教育认证委员会一直重视临床实践的作用，要求培养机构与基础教育学校、社区建立伙伴关系，并与实习单位共同设计实习方案。教师培养认证委员会在继承这些优良传统的基础上，对临床教育实践提出了更高要求，强调双方建立互惠的合作机制，与中小学校进行紧密的、广泛的、多样的、持久的和更具实质效果的合作，共同承担体育师范生的培养职责。并且将实习导师单列为一个考察指标，明确双方运用多样化的指标，共同选拔、培养、评价、支持与留任高质量的临床实习导师，将实习导师在临床实践中的作用凸显出来。

最后，关注体育师范生对基础教育的影响。全美教师教育认证委员会只是对教师培养机构的管理和资源提出了认证要求，并没有涉及体育教师教育专业影响力及其评价。教师培养认证委员会则将其作为一个认证维度，列出具体的考察指标。此外，还借鉴了波多里奇的绩效教育标准原则，强调教育机构提供服务时必须了解其服务产生的影响和结果。为此，教师培养认证委员会把体育师范生培养质量与P-12学生的学习和发展充分关联，要求用P-12学生的学习成绩、雇主对师范生的满意度等指标衡量体育教师培养效果。

三、体育教师标准

体育教师标准对职前体育教师的培养起着引领和导向作用，教师培养机构在向认证委员会申请认证时必须提供充分证据，以表明其培养的学生达到了体育教师标准的要求。

（一）体育教师标准的内容

2017年2月，美国健康与体育教育协会颁布了新版体育教师标准，新标准是对2008年版体育教师标准的继承和拓展，两个版本标准的具体内容如表2-6所示。

表2-6　美国2版体育教师标准内容变化对比

2008版		2017版	
指标（28）	考察指标（28）	维度（5）	指标（25）
1. 科学和理论知识	1.1 描述并运用与运动技能、身体活动和体适能有关的生理学和生物力学知识 1.2 描述并运用与运动技能、身体活动和体适能有关的动作学习、心理和行为理论 1.3 描述并运用与运动技能、身体活动和体适能有关的动作发展理论和原则 1.4 从历史、哲学和社会学的视角鉴识与体育教育相关的各类议题与法规 1.5 分析并纠正影响技能动作和成绩表现的主要因素（合）	1. 基础知识和内容	1.1 描述并应用与K-12体育教学相关的通用知识（增） 1.2 描述并应用与K-12体育教学相关的专业知识（增） 1.3 描述并应用与K-12学生的运动技能、身体活动和体适能有关的生理学和生物力学知识 1.4 描述并应用与K-12学生的运动技能、身体活动和体适能有关的动作学习、行为改变和心理学理论 1.5 描述并应用与K-12学生的基本动作技术、运动技能、身体活动和体适能有关的动作发展理论和原则 1.6 从历史、哲学和社会学的视角描述与体育教育相关的各类议题与法规
2. 运动技能和体适能	2.1 通过多种身体活动和运动方式展示个人的运动技能（合） 2.2 达到并维持健康的体适能水平 2.3 掌握各种运动项目的技能动作（合）	2. 运动技能和健康体适能	2.1 至少熟练掌握4个基础性体育领域的动作技术和成绩表现，如游戏与运动、水上运动、舞蹈和韵律活动、体适能活动、户外探险和单人项目（2.1/2.3合） 2.2 达到并维持健康的体适能水平

(续表）

2008版		2017版	
指标（28）	考察指标（28）	维度（5）	指标（25）
3. 教学设计与实施	3.1 制定并实施与课程教学目标、学生多元需求相关联的短期和长期教学计划（合） 3.2 制定并实施与地方、州和国家课程标准相一致的、可测量的、适当发展和基于能力的教学计划 3.3 制定并实施与课程目标密切相关的教学内容 3.4 规划和管理课程资源，以提供积极、公平、公正的学习经历 3.5 根据学生的多元需求设计并调整教学，做到因材施教 3.6 设计并实施渐进的、有序的、满足学生多元需求的教学（合） 3.7 教学中让学生合理运用现代技术以达到课时学习目标	3. 教学设计与实施	3.1 制定并实施与地方、州、国家课程标准及K-12水平体育教学成果相一致的、可测量的、适当发展和基于能力的短期和长期教学计划 3.2 制定并实施与短期和长期教学目标一致的、满足学生多元需求的、渐进有序的教学内容（3.1/3.6合） 3.3 规划和管理课程资源，以提供积极、公平、公正的学习经历 3.4 根据学生多元需求设计并实施个性化教学，做到因材施教 3.5 设计并实施学习方案，要求学生合理运用技术满足一条或多条短期和长期教学目标 3.6 设计并实施教学，让学生合理运用元认知策略来分析自己的成绩表现（增）

(续表)

2008版		2017版	
指标（28）	考察指标（28）	维度（5）	指标（25）
4. 课堂教学与管理	4.1 在多种教学方式中展示出口头和非口头的交流技能（合） 4.2 有效实施教学示范、讲解、提示和鼓励 4.3 对学生的技术动作、学习动机提供及时有效的教学反馈（合） 4.4 识别环境的变化动态，基于学生反应调整教学任务 4.5 合理利用教学原则、课堂常规来创设和维持一个安全、有效的学习环境 4.6 利用多种方法帮助学生在富有成效的学习环境中展示出负责人的个人和社会行为	4. 课堂教学与管理	4.1 在所有教学中展示出口头和非口头的交流技能，以示相互尊重和体贴（4.1/6.4合） 4.2 实施与短期和长期教学目标相一致的教师示范、讲解和提示 4.3 评估教学环境的变化动态，根据学生需要调整教学任务，促进学生发展 4.4 实施课堂常规和积极行为管理来创设和维持一个安全、支持和参与性的学习环境（4.5/4.6合） 4.5 通过多种方式（视觉观察、技术等）分析技能动作和成绩表现，以提供具体、一致的反馈，促进学生学习（1.5/4.3合）
5. 学习评价	5.1 制定合适的评价方法，评定学生对学习目标的达成度 5.2 运用合理的评价方法在教学前、中和后分别评定学生的学习 5.3 根据周期性的评价建议，不断改变教学方式、学习内容和教学目标	5. 学习评价	5.1 制定正式、可靠的评价方法，评定学生对短期和长期学习目标的达成度 5.2 实施形成性评估，监测学生在长期教学计划前期和中期的学习；实施终结性评估，评价学生在长期教学计划后的学习 5.3 根据师范生表现、学习、短期和长期教学目标的达成给出周期性的评价反馈

（续表）

2008版		2017版	
指标（28）	考察指标（28）	维度（5）	指标（25）
6.专业化	6.1 具备促进学生进行体育锻炼和体育学习的能力和信心 6.2 参与团队活动，促进个体成长 6.3 展示出与高标准教师职业道德一致的行为 6.4 言行举止令人敬佩和尊重（合）	6.专业职责	6.1 教学行为秉持职业道德、伦理实践和文化素养 6.2 在学校和职业机构内坚持专业持续发展与合作 6.3 利用各种策略和技术手段宣传体育教育，创设体育活动参与机会（增）

（二）体育教师标准的变化

美国新旧两个版本的体育教师标准虽然具有一定的历史继承性，但是两版标准是在不同历史背景下修订而成的，两版标准在框架结构和具体指标等方面具有一定的差异性。

1. 框架结构的变化

2017标准包含6个维度，这6个维度与2008标准高度相似，体现了新旧标准在结构框架上的继承关系。但本版标准在维度名称上略有改变，即维度1"科学和理论知识"改为"基础知识和内容"，维度6"专业化"改为"专业职责"，维度名称的改变体现出新标准对体育教师基础知识和职业责任的重视。另外，新版标准的指标数量有所变化，即由2008标准的28条缩减为25条，变化体现在两个方面：（1）指标的增加，2017标准增加了4条指标，即1.1、1.2、3.6和6.3。其中，指标1.1和1.2的增加与维度1名称的改变相对应，旨在强化体育师范生对基础教育体育教学相关知识的掌握；指标3.6中的元认知策略是一种典型的学习策略，目的是让中小学生对体育学习过程和结果进行自我有效监控，进而提高学生体育学习过程中的反思、控制、评价和规范能力；指标6.3将宣传体育教育、创设运动参与机会作为体育教师职业职责之一，其目的是通过宣传以提高体育学学科影响力和体育教师的社会地位。（2）指标的合并，新标准将原标准中内容相近的10个指标进行合并，即2.1与2.2、1.5与4.3、3.1与3.6、4.1与6.4、4.5与4.6，使标准的框架结构呈现出越来越精简的趋势。

2. 指标内容的变化

新标准指标内容的变化表现在3个方面。首先，更加强调体育师范生与中小学生学习的相关性，如维度1，2008标准仅要求师范生掌握与运动技能、身体活动和体适能相关的科学理论知识，而2017标准则在此基础上增加了指标1.1、1.2，即要求体育师范生掌握与K-12体育教学相关的通用和专业知识。再如维度3，2008标准要求体育师范生制定并实施与地方、本州和国家课程标准相一致、可测量、适当发展和基于能力的教学目标，而2017标准则额外增加了"与基础教育不同学习水平的体育教学成果相一致"的要求。由此可见，新版体育教师标准越来越重视职前体育教师培养与基础教育的融合，体育教师标准虽然面向职前体育教师，但根本目标是促进基础教育学生的学习，为提升学生学习体验和学习成效服务。

其次，指标描述更细致、操作性更强，体现在3个维度内容的变化上：维度2，2008标准要求师范生掌握多种运动项目，但对项目类别的规定比较模糊；而2017标准则明确要求从游戏运动、水上运动、韵律舞蹈运动、体适能运动、户外探险和单人项目运动等6类项目中选择4项，并熟练掌握这4项运动技能，对运动项目类别和要求的规定具体而明确；维度3，2008标准要求师范生合理运用现代技术完成教学计划目标；而2017标准则要求师范生合理运用技术完成一条或多条短期和长期的教学目标，对教学目标不仅有数量规定，而且有类别（短期和长期）要求，实施更具有操作性；维度5，2008标准要求在教学前、中和后期运用合理方法评价学生学习，而2017标准则要求在教学前期和中期采用形成性评估监测学生学习，教学后期则采用终结性评估方式评价学生学习，新标准不仅把评价方式分为形成性评价和终结性评价，而且指出了不同评价方式的具体应用时机。

最后，重视新技术在体育教学中的应用，随着信息化时代的到来，以互联网为代表的数字化学习方式为学生低成本获取高质量学习资源提供了机会。移动跟踪设备（计步器、移动心率监测仪）、手机软件、运动游戏和数字视频等新技术在体育教学中被广泛应用。2008标准仅有1条指标（3.7）提到了新技术的应用，而2017标准则多次提到新技术的应用，如指标"3.5 学生合理运用技术满足一条或多条短期和长期教学目标"、指标"4.5 通过多种方式（视觉观察、技术等）分析技能动作和成绩表现"、指标"6.3 利用各种策略和技术手段宣传体育教育，创设体育活动参与机会"。可见，美国健康与体育教育协会适应新技术在基础体育教育领域广泛应用的发展趋势，要求师范生具备新技术的应用能力，并在教学中强化和培养中小学生的信息素养能力。

第四节 美国体育专业认证运行机制

美国体育专业认证体系的运行主要依靠市场来推动，只有经过认证机构鉴定合格的学校才能吸引优秀的学生前来学习，才能为学校提供较高的社会地位，募集到足够的资金。因此，美国高校都自愿参加高等教育专业认证。本文以教师培养认证委员会为例，阐述美国体育专业认证运行机制内容及其特点。

教师培养认证委员会是美国师范类专业的唯一认证机构，包括体育教师教育专业在内的所有师范类专业都必须按照其流程参与认证。教师培养认证委员会保留了原有两个认证系统的优点，并增加了教师认证领域最佳创新思维方式。在此基础上重新修订了认证程序，建立了以结果和证据为导向的认证流程。新的认证流程要求教师培养机构必须进行重大内部改革，以便使日益多样化的学生在面对高水准认证标准时能够显著改善教学效果。具体来说，专业认证过程包括获取认证资格、早期评估、认证途径选择、自我评估、认证评审和提交年度报告6个方面的内容。

一、获取认证资格

认证资格是高等教育机构正式认证申请前的前提性条件。教师培养认证委员会规定，已经获得全美教师教育认证委员会或教师教育认证协会认证的教师培养机构可自动获得其认证资格，未获得两个协会认证的教师培养机构必须填写并提交一份认证申请表，认证申请表包括机构基本信息、联系方式、认证背景、机构资源、师资配备、专业数量等内容，这些内容也是展示体育教师培养机构能力的各种指标，认证申请表的框架和内容如表2-7所示。

表2-7 美国体育教师教育机构认证申请及评审过程表

阶段	体育教师培养机构	教师培养认证委员会的评审
1.认证申请	为了完成教师培养认证委员的认证申请，未经认证的体育教师培养机构必须完成认证申请，以满足认证资格要求 　　教师培养机构的管理人员（如执行董事、院长或主任）完成认证申请、签字，并以邮件的形式提交给教师培养认证委员会办公室 　　为了确定教师培养认证委员会的认证资格状态，教师培养机构必须在申请表中表明符合了以下条件： （1）按教师培养认证委员会的要求提供信息，以执行认证功能 （2）在认证申请表中标明认证途径，并同意遵守认证途径的要求 （3）遵守教师培养认证委员会的政策，包括认证状况的披露政策 （4）了解教师培养认证委员会年度费用和认证申请费用的提交 （5）在获得认证资格之前，教师培养认证委员会必须对教师培养机构进行实地考察，以确认是否授予其认证资格	教师培养认证委员会的工作人员审查申请表，以确认体育教师培养机构提交了所有的必要信息；如果认证过程需要提交额外信息，教师培养认证委员会通知体育教师培养机构；如果申请表是完整的，并准备提交教师培养认证委员会成员审查，也会通知认证申请单位
2.认证资格	提交认证申请表之后，体育教师培养机构必须通过教师培养认证委员会认证信息管理系统（AIMS）提交认证证据 　　认证证据表明教师培养机构具备体育师资培养的能力，其毕业生具备向国家机构申请体育教师职业的资格；认证证据也是对培养基础体育教师教育专业的识别，是对专业管理、专业控制、区域认证和卡内基分类实用性特征的描述	教师培养认证委员会的工作人员审查提交材料的完整性，达到所有要求的体育教师培养机构通过认证，认证期限为5年

认证资格申请表不仅是获得认证资格的前提条件，同时也是联邦教育部对所有教师培养机构的基本要求。表2-7的数据展示了以下信息：教师培养机构的简介，如机构类型、联系方式等；教学地点、教学方式、临床教育工作者和其他教师的资格；专业信息，如专业名称，州政府的认可等；公平性信息，如设施、财务、性质、学生支持与反馈等；提供教育服务的能力，如财务、预算、审计和管理等。

为了维持认证状态，经认证的教师培养机构每年都要按照表2-7的模板上传新的数据，并将其作为年度报告内容的一部分。在认证评审及实地考察时，教师培养机构则可根据需要更新表中内容，并把其作为自我评估报告的一部分。考察团队将验证表格信息的真伪，并在评审过程中将其作为优质师资培养能力的指标。此外，处于不同认证状态的教师培养机构，其认证资格的要求如下所示：其一，未获得认证的教师培养机构必须进行认证资格的申请，教师培养认证委员会将在审查认证资格之前对其能力要素进行评审，其内容主要包括财政、行政能力、师资、设施、学生支持和投诉等，此外，还会审查申请表格内容的完整性；其二，已获得认证的教师培养机构，在寻求持续认证时，无需重新确定其认证资格，只需要及时更新其年度报告；其三，获得全美教师教育认证委员会和教师教育认证协会认证的教师培养机构，如果达到了教师培养认证委员会认证标准的所有要求，可仅提供能力表格，并将其视为自我评估报告的一部分。如果仅满足全美教师教育认证委员会以及教师教育认证协会部分指标的要求，则必须重新申请认证。

二、早期评估

具备认证资格的教师培养机构在实地考察前三年，可自愿选择提交通用评估表、调查数据和评分指南，以表明自身满足了认证标准的要求。虽然早期评估是一种自愿行为但却非常有用，它强化了教师培养机构的形成性反馈，有利于搜集到更多有关职前教师的有用信息，并促进了专业教学的持续改进。早期评估为教师培养机构提供了修正评估工具和搜集新数据的机会，这些修正后的评估工具会被纳入自我评估报告中。早期评估是教师培养认证委员会按照新版标准的要求实施认证审查的一部分，并且已经在2015—2019

学年分阶段实施。教师培养机构在早期评估过程中提交的材料及评审过程如表2-8所示。

表2-8 美国教师培养认证委员会早期评估工作进程

体育教师培养机构	教师培养认证委员会评审
实地考察前三年，教师培养机构向教师培养认证委员会提交所有指定学科内容领域的评估调查工具 教师培养机构：（1）向教师培养认证委员会索取认证信息管理系统提交申请的报告模板，指明提交自我评估报告的学期和年度；（2）采用认证信息管理系统模板提交评估工具、评分指南和调查数据 提交以下材料： （1）教师培养机构自建评估工具，如学生实习观察方案、调查数据、教师工作样本、教学档案、学生退学调查、用人单位满意度调查以及学生能力检查的其他策略工具 （2）识别所有评估材料的图表 （3）教师培养机构的评估评分指南 （4）根据教师培养认证委员会的标准，确定评估条目或提供调查数据的图表 （5）对以下评估问题的回复：①评估实施的要点或见解；②评估目的及其对学生监测或认证决策的作用；③提供给学生有关评估目的的信息；④（对证据充分性最低水平）判断的基准；⑤基于研究过程，确定最低内容效度的描述；⑥基于研究过程，确定评分信度的描述 （6）对以下调查问题的回复：①调查实施的要点或见解；②调查的目的；③对调查对象的指示	教师培养认证委员会提供了适当的认证信息管理系统模板用于提交评估材料 教师培养认证委员会对评审人员进行培训，并要求他们按照教师培养认证委员会证据指南（2015年1月颁本）审阅评估材料、调查数据和评分指南 教师培养认证委员会会将评估结果反馈给教师培养机构，分阶段实施审查，并且在自我评估报告完成的前三年进行审查，教师培养机构将有充足时间修改评估工具、搜集数据

三、认证途径选择

作为认证过程的一部分，教师培养机构在寻求认证或重新认证时可选择三种认证途径之一，即简要调查、选择性改进和主动变革。三种途径都要求教师培养机构提供满足所有认证标准的证据，并展示其可持续发展的证据。三种认证路径的关注领域和重点各不相同（表2-9）。然而，教师培养认证委员会将充分关注教师培养机构的多样性，并允许其根据自身特点选择合适的认证路径。

表2-9　美国体育教师教育专业认证路径对比

路径	简要调查	选择性改进	主动变革
关注重点	以询问为驱动，关注体育师范生的成绩和学习成果	以数据为驱动，关注某一维度标准及其指标的选择性改进	侧重于认证研究和方法的开发，关注转换方案的计划及其实施
认证过程	培养机构设定师范生预期培养结果，通过调查了解目标达成度，提交自评报告，展示教学合作、临床合作等质量保障证据	培养机构选择一条或多条标准作为提高目标，进而提交改进计划，并在自评报告中提供证据展示其改善结果	培养机构提前3~5年提交转换方案计划，并进行严格的调查研究，与州政府、实习单位及其他机构合作实施
提交材料	（1）达到标准1和标准4的自评报告及完成标准5的数据质量预期 （2）达到标准2、标准3的要求，及完成标准5持续改进的内部审计报告	（1）培养机构达到每条标准证据的报告 （2）选择性改善计划，计划中提供达到标准5的证据材料	（1）达到教师培养认证委员会5项标准的证据报告 （2）转换方案计划书和达到标准5的证明报告

（一）简要调查

简要调查路径重点关注职前教师的学习成绩和毕业生的学习成果，这种认证方式以调查为驱动，始于培养机构的专业使命和学习结果。通过短暂调查证明教师培养机构是否达到了教师教育机构标准的所有要求。因此，教师培养机构需要对学生的学习结果作出说明，并对学习结果的达标程度展开调查。培养机构的自我评估报告需提供以下证明材料，即机构目标达成度、基本要求、高质量数据和专业期望。培养机构还需要确保教学合作、教育实习以及教学过程的质量，以达成保障教学质量的基本职责，进而展示教学质量的持续改进过程。选择简要调查认证方式的教师培养机构，在其自评报告中需要提交以下材料：一份自我评估报告，其内容是对教师培养机构声明的调查，该报告涉及教师教育机构标准中维度1、维度4以及维度5的数据质量预期；一份内部审计报告，该报告为培养机构满足教师教育机构标准中维度2、维度3以及维度5的要求提供了证据。

（二）选择性改进

选择性改进认证路径是一种强调数据驱动的认证决策方式，能够有效提高教师培养机构的认证效率，比如获取专业资格证书，也可以评估职前体育教师对中小学生学习效果的影响。对于选择性改进认证途径来说，教师培养机构需要选择教师教育机构标准的一个维度及其要素，并对其进行仔细研究，然后将标准进行融会贯通，以重点关注所选标准及其指标要求的改进程度。教师培养机构基于自我评审报告中呈现的数据选择主要改进领域，并且需要提供一份选择该领域原因的报告。选择该认证途径的教师培养机构需提交一份选择性改进计划，以展示其改进程度及可测量的年度目标。在整个认证期间，教师培养机构监测选择性改进计划的进展状况，并酌情调整改进计划和策略，以确保改进目标的实现。选择该认证途径的教师培养机构在自我评估报告中需提交以下材料：一份包含5个维度指标及其解决策略的报告，报告中对每条标准的支撑证据加以提示；一份选择性改进计划，该计划为所选择的维度指标提供额外的证据。

（三）主动变革

主动变革认证路径侧重于认证研究和方法的开发，要求教师培养机构证明自身满足了认证标准的所有指标内容。由于这种方式的认证路径需要较长时间，因此必须提前3～5年提交主动变革的计划方案。教师培养机构需要针对教师培养的每一个环节制定主动变革计划书，并对其进行严格的调查研究。主动变革计划书的实施将有助于建立研究基地、提供可模仿的实践经验和提高教师培养质量。教师培养机构可以与其他机构、州政府、实习学校及高等教育机构相互合作，共同实施这些改革措施。选择主动变革路径的教师培养机构在自我评估报告中提交以下材料：一份包含教师教育机构标准5个维度内容的报告，报告中对每条标准的证据都加以提示；一份主动变革计划书、对5个维度的标准提供额外证据的进度报告，并附加在自我评估报告中。

对于选择性改进和主动变革两种认证途径来说，教师培养机构要逐一满足所有标准，并针对每一条具体标准作出合格说明。对于简要调查认证途径来说，培养机构需要提供相关证据，以表明其在校学生和毕业生满足了所有认证标准，并且通过内部质量保障系统的审计，以表明其具有较高的专业教学质量。

四、自我评估

自我评估是教师培养机构搜集、整理、分类、标记和上传自我评估材料的过程。在整个认证周期内，教师培养机构需要持续不断地搜集证据，并对证据进行分类，以表明自身符合教师教育机构标准的要求。为了全面达到标准的要求，教师培养机构需要根据标准的二级指标提供证据材料，并以自我评估报告的形式提交证据材料。实地考察团队会根据自我评估报告的证据材料对培养机构的教学质量进行评估，并指出培养机构的特色优势、存在的缺陷以及需要改进的区域。

（一）认证材料的分类与标记

作为认证流程的一部分，教师培养机构要通过认证信息管理系统在线上传数据、评估工具和指南及其他材料。为了方便审查人员的评估，材料上传之前，教师培养机构需要按照标准二级指标的要求对其进行标记和分类。自评报告的内容包括：培养机构的名称、发展历史、背景及特征；教师培养单位及其主管机构的人口统计学资料，如招生信息，在校生、毕业生和教职工的数量、种族构成等；机构简介；教学组织框架；师资培养的特征；教师培养机构的区域位置；教师培养机构的愿景、使命和目标；毕业生的国内外就业前景和政策背景。此外，还需要将以下材料上传到认证信息管理系统，即培养机构自建的评估材料和评分指南；与认证评审证据相关的所有调查数据、评估工具和数据；显示培养机构特色的"专有"评估材料；体现自身多样化和技术特色的所有证据。

教师培养机构需要描述每一项评估材料的选择原因，包括证据材料用于哪个方面；该证据对师资培养的作用；非调查性评估材料的效度、评分信度和相关性等。教师培养机构根据标准及其指标的类别，以加注标签的形式对证据材料加以标记，教师培养机构可将证据材料与标准指标一一对应。如针对会议备忘录的校对，教师培养机构可剪切、粘贴备忘录中相互合作的文档，并将其标记为标准2.3（标准2.3的二级指标要求），注明会议的日期、时间和地点，并将该证据材料作为自我评估报告的一部分，以证据案例的形式提交给教师培养认证委员会。实地考察期间，教师教育机构需要将完整的会议纪要提供给考察成员进行验证。此外，所有证据材料的电子文档必须以标签的形式直接链接到某一条标准或指标。

（二）评审选项的选择

在具体评审的环节，教师培养机构可自愿选择评审选项，评审选项包括三种：专业协会评审、专业反馈评审和州政府评审，三个评审选项的具体内容和要求如下所示：

专业协会评审。这是以国家标准为参照进行评审的过程，即要求教师培养机构提交特定的评估报告，以供专业协会专家审查。通过专业协会评审的培养机构将获得"国家认可"的资格。为了获得国家认可资格，教师培养机构必须在实地考察前三年向专业协会提交特定报告，以便给专业协会留下充裕时间对报告进行评审，并向教师培养机构提供准确的反馈意见，这也是教师培养认证委员会对自我评估报告的补充性要求。

专业反馈评审。专业反馈评审属于自我评估过程的一部分，因此不需要提交额外的报告。教师培养机构按照标准要求对数据进行分类，在数据分析的基础上形成专业反馈评审的证据，并且提供相应证据以表明对数据持续更新。作为自我评估的一部分，教师培养认证委员会可要求教师培养机构回答与专业数据持续更新方式相关的问题，此外，州政府可根据标准中提供的分类数据，要求教师培养机构回答有关州政府标准及其具体问题。教师培养认证委员会向州政府提供评审结果的反馈意见，同时将反馈意见提供给教师培养机构。

州政府评审。选择此方式的教师培养机构需遵循州政府的评审准则，这是州政府实施专业评审的流程要求。同时，教师培养认证委员会要求教师培养机构基于数据持续更进教学质量。三种评审方式的具体要求和流程如表2-10所示，需要指出的是，在与教师培养认证委员会的合作中，州政府可以在教师培养机构提供的评审方式中选择一种或多种方式进行评审。即使在州政府不作要求的情况下，教师培养机构也可选择专业协会评审。

表2-10 美国教师培养认证委员会三种专业评审选项的区别

评审过程	专业协会评审	专业反馈评审	州政府评审
1.材料提交主体	选择专业协会评审的教师培养机构	选择反馈性评审的教师培养机构	选择州政府评审的教师培养机构
2.评审标准	专业协会国家标准	CAEP或EASC标准，如有需要可参考州政府标准	州政府标准

(续表)

评审过程	专业协会评审	专业反馈评审	州政府评审
3.评估数据的提交	培养机构在实地考察前三年提交评估数据，并回答以下问题：如何利用自我评估报告中的数据持续改进以达到CAEP标准要求 附加问题：作为证据提交的所有报告的状态，以及如何利用报告进行自我提升	教师培养机构按照CAEP标准的要求，在自我评估报告中提交分类评估数据。并回答以下问题：如何利用职业资格数据持续自我改进 附加问题：州政府标准及其要求	按照州政府的准则提交数据
4.数据的评审	协会专家基于评分指南、认证标准进行评审；评审员根据专业标准的要求指出证明材料存在的优点和缺点；实地考察专家分析专业报告的证明材料	实地考察专家评审：（1）与州政府标准及其要求相一致的职业资格数据；（2）教师培养机构自我评估报告中的分类数据	州政府评审
5.认证结果	专业协会的评审结果如下：（1）国家认可；（2）国家有条件认可；（3）有待于进一步改进或国家试用认可；（4）国家不认可	CAEP根据州政府标准和分类结果向州政府和培养机构提供反馈意见	州政府对认证专业的批准
6.专业评审的使用	决定教师培养机构的认证状态	决定教师培养机构的认证状态	决定教师培养机构的认证状态

五、认证评审

教师培养认证委员会基于认证标准对教师培养机构进行评审，并最终确定认证结果。委员会认证评审由实地考察团队评审、认证委员会评审以及认证决议三个阶段组成。

（一）实地考察团队评审

自评报告提交之后，教师培养认证委员会将组建专家实地考察，考察团队包括3~5名审查员，一般由教师、院长、校长、州政府教育部门官员、熟悉标准和教师培养的中小学教师组成。审查员需要经过严格筛选，并且教师培养认证委员会会定期对审查员进行评估，以确保他们具有较高的业务水平和持续提供服务的意愿。审查员的责任是调查认证证据的质量，包括认证证据与教师机构培养目标的准确性和一致性。审查员将调查结果作为分析每条标准达成度的依据。考察团队基于自我评估报告和考察获得的一手材料，为教师培养机构提供建议。实地考察共分5个步骤。

第一步，审查自评报告。审查员独立审查自评报告，考察的重点是自评报告的数据与教师培养认证委员会标准的一致性。评审内容包括7个方面：第一，展示毕业生能力的自我评估报告，并根据考察反馈进行修改；第二，教师培养机构的年度报告；第三，早期自我评审的结果（仅限选择了早期自我评审的教师培养机构）；第四，对优、缺点进行年度评审的结果；第五，年度报告中有关选择性改进、主动变革计划和内部审计的进展结果；第六，专业协会、专业反馈或州政府评审的反馈报告；第七，与认证途径相关的其他材料。考察团队在评审基础上撰写形成性评审报告，其内容主要包括以下三个方面：首先，指出不充分的信息、质量欠缺和实力不足的具体证据，以便教师培养机构在自评报告中进行修改并解释其原因；其次，指出说服力强的证据材料和未达标的缺陷材料；最后，考察团队与教师培养机构共同制定的实地调查工作计划，指出考察期间团队成员需要调查的证据（该计划提供了预定的调查路径，但考察队员的调查工作不限于该计划）。

第二步，教师培养机构的修正。教师培养机构将根据考察团队的形成性评审报告修改自评报告，并将修改后的自评报告作为教师培养认证委员会下一阶段实地考察的基础。如果考察团队认为培养机构满足了教师教育机构标准的要求，但未做好接受实地考察的准备，教师培养认证委员会可以启动延迟实地考察的计划，这时，教师培养认证委员会的工作人员将跟进审查细节，并向考察团队提议恢复实地考察的具体时间。

第三步，撰写实地考察及报告。教师培养机构在提交证据材料后的2~3个月内，考察团队会进行实地考察，考察时间为2~3天。期间审查员会与教师、学生和管理人员等进行交流，并进行课堂教学观摩。实地考察主要包括4项任务：第一，开展有效的现场调查活动，如面谈、观察和文件审查；第二，记录标准证明材料的完整性、有效性和可代表性，不断完善评估报告，将其作为考察讨论会的参考；第三，向教师培养机构提供有关提高培养质量的建议；第四，采用口头会议和书面报告的形式进行总结，分析证据材料的质量和调查方法的准确性，指出已经验证和尚未验证的区域、存在的优势和不足之处。考察团队在考察结束后的30天内撰写终结性评审报告，其内容包括3个方面：第一，已经检查验证的证明材料、未验证的证明材料、检查验证的方法；第二，与证据质量相关的调查结果，以及对确定或不确定的证据进行平衡分析，以标明教师培养机构的优点和缺点；第三，针对每条标准所提供证据的完整性、质量和代表性的总结性评估。

第四步，教师培养机构的反馈。考察团队通过认证信息管理系统将终结性评审报告提交给教师培养机构，教师培养机构将根据报告的内容对自身存在的问题进行实质性改进，并且可以对报告中的错误结论提出反馈建议，这些反馈建议会通过认证信息管理系统直接嵌入到考察团队的报告中，或以附录形式添加在自评报告中。教师培养机构对终结性评审报告的反馈必须在认证委员会审核前一个月内完成。

第五步，实地考察团队的反馈。考察团队负责人将针对教师培养机构的修正和附加文件作出回应，并将其直接嵌入到原始终结性评审报告中。

（二）认证委员会评审

实地考察结束后，考察团队将所有材料提交给教师培养认证委员会，然后进行第二阶段的评审。在认证委员会作出最终决议之前，先进行两轮的初级评审和联合评审，其评审内容包括4个方面：自我评估报告、实地考察团队的评审报告、考察团队对教师培养机构的反馈意见、初级和联合评审小组的审议和建议记录。

首先是初评，由3～5名认证委员会成员组成的小组对提交的认证材料进行初评，其任务是全面检查认证材料，并提出认证建议。初评包括以下5个步骤：第一，选择初评小组成员和首席评审员；第二，首席评审员基于培养机构的自我评估报告、实地考察报告以及培养单位和考察团队的反馈建议，撰写并提供认证总结报告，然后提出认证状态的建议；第三，评审小组以视频或现场会议的形式，确定专业优势、专业缺陷和需改进的领域；第四，教师培养机构和实地考察成员对初级评审人员提出的问题作出阐释；第五，初级评审小组集体讨论、投票，以形成认证建议。在整个评审过程中，教师培养认证委员会董事会主席或其代表可参加评审小组的任何会议和决议。

其次是联评，联评成员由不同初评小组成员组成，联评小组首先参考初评小组的认证建议，并确保其过程具有严格、明确和一致性。综合考虑教师培养机构提交的证据、实地考察团队的调查结果、每条标准的证据支持程度和缺陷等材料，作出通过或拒绝认证申请的最终裁决。联评的工作包括以下4个步骤：第一，合理调配人力资源，统一处理各类事务；首席评审员对复杂的证据材料进行非正式分类，并协助联评小组的工作；第二，联评小组主席领导评审小组，在认证委员会成员的领导下开展联合审查讨论，在与认证委员会主席商议后，教师培养认证委员会的工作人员会给联合审查小组安排具体的工作任务；第三，首席评审员可以对所有议事日程提出质疑；第四，联评小组经集体讨论与投票，已形成认证建议。

最后是决议，教师培养认证委员会根据联合审查小组的建议，并遵循公正严格的认证申请标准进行认证决议。在决议形成之前还需要证明初级评审小组、联合评审小组和认证委员会遵循了教师培养认证委员会的政策和程序。在此基础上，全体认证委员会成员经投票形成最终的认证决议。

（三）认证决议

所有认证决议都需要在网站上公布，认证决议的结果包括以下类别：①初始认证：满足了认证标准的所有要求，可获得为期7年的初始认证。但是，教师培养机构必须在其网站上公布《缺陷声明》，并有两年的整改期，整改后不会进行第二次实地考察。②试用认证：满足了全美教师教育认证委员会或教师教育认证协会的标准要求，但没能完全达到教师培养认证委员会认证标准的要求，试用认证具有两年期限。③重新认证：之前获得全美教师教育认证委员会、教师教育认证协会或教师培养认证委员会认证的教师培养机构，再次获得的认证。④典范认证：教师培养认证委员会对于达到"典范"绩效水平的认证。⑤否决认证：驳回认证。⑥撤销认证：对之前认证决议的撤销。

认证决议结果公布之后，教师培养机构可以针对"否决认证"或"撤销认证"的决议结果提出复议或申诉。在此过程中，教师培养机构可提交正式的复议或申诉书面文件，但是不能对《缺陷声明》或《改进领域》的决议提出异议。教师培养认证委员会工作人员将对教师培养机构的请求进行初步审查，随后，将复议请求提交给认证委员会主席和副主席，他们将以投票的形式决定是否向全体委员会成员提交该请求。其中，复议的依据至少包括以下3个条件之一，即实地考察团队、认证委员会或其工作人员没有遵循工作程序；实地考察团队、认证委员会或其工作人员的利益冲突或偏见影响了认证决策；认证决策没有得到充分的支持或与已知的事实相违背。教师培养机构也可以对拒绝或撤销认证提起正式申诉，教师培养机构在收到认证决议和行动报告15天内以书面形式提交申诉意向书，并在提交意向书30天内提交申诉书，申诉理由至少包括以上复议的3个条件之一。

申诉小组由5名成员组成，每个申诉小组至少包括一名申诉委员会的公众代表，申诉小组成员将不再是认证委员会成员，也不能以任何方式对申诉的学科专业提供认证建议。申诉小组可以查阅认证委员会接触到的所有文件，也可以查看教师培养机构的申诉书以及相关财务信息，申诉过程包括：教师培养机构聘请法律顾问；教师培养机构进行30分钟的口头陈述；实地考察团队和初级评审小组的主席出席听证会，并回答关于教师培养认证委员会以前个案认证评审的问题；任何人都可通过电子设备参与听证会。申诉小组可以确认、修改或撤销认证决议，也可将认证决议发回认证委员会进行重审。除此之外，申诉小组的决议是最终裁决。如果发回重审，认证委员会将重新审议该培养机构的认证材料，包括申诉书和申诉委员会上交的指示。在申诉小组裁决之前，教师培养机构先前的认证状态仍然有效。

六、提交年度报告

除自评报告以外，教师培养机构还必须在每年的4月份之前提交一份包含8项指标的年度报告，年度报告也是持续认证过程的一部分。教师培养机构可按照年度报告中8项指标的要求，定期收集、分析和公布主要专业数据，并将其作为公众问责、改进透明度和持续提升质量的措施之一。通过以上措施，可鼓励教师培养机构深入评价和自我反思。

用人单位也可以通过8项指标数据了解教师培养机构人才培养的现状。对于教师培养认证委员会来说，这些数据将成为国家信息库的基础，可作为教师培养认证委员会年度报告数据的信息来源，以补充教师培养机构提供的其他信息，并描述人才培养的趋势。随着时间的推移，教师培养认证委员会将更加重视包括8项指标的年度报告制度，并按照标准化协议搜集指标数据，标准化数据的搜集可为教师培养认证委员会董事会下一阶段的工作提供便利。

第五节 美国体育专业认证体系的特点与启示

美国在体育专业教育质量保障理论和实践方面进行了长期探索，不难发现，美国体育专业认证体系存在一些共同特征，并且积累了诸多有益经验，对高等体育专业教育质量的提升和保障体系的完善起到了重要作用。

一、美国体育专业认证特点

综观美国体育教师教育专业认证体系，无论认证机构、认证标准、认证流程，还是认证理念，都体现出以下5个方面的特征。

（一）分专业独立设置认证机构

美国是一个典型的分权制国家，美国宪法规定，州与各级地方政府对各自的教育负责，这一传统对美国体育专业认证制度产生了深远的影响，由此产生了不同的体育专业认证机构及其标准体系，包括教师培养认证委员会、体育管理认证委员会、教练教育认证委员会、运动科学认证委员会、运动训练教育认证委员会、运动生理学家协会等。不同专业独立设置认证机构可以确保认证管理人员各司其职，并能够根据专业的不同特点开展认证工作，充分体现了认证的专业性特征。然而过多的认证机构也会产生一些负面影响，例如美国不同专业往往存在两个认证机构，同一专业参与两个机构的认证会产生重复认证、认证标准与风格不一致、资源浪费等问题。美国部分体育专业认证机构也认识到了以上弊端，进而开始整合认证机构，如教师培养认证委员会就是由全美教师教育认证委员会和教师教育认证委员会合并而来。但是，总体来看，美国每个高等体育专业都存在独立的认证机构，这是美国体育专业认证体系区别于其他国家的特点之一。

（二）民间非盈利性的认证模式

民间、非盈利性认证模式是美国体育专业认证制度的鲜明特色，无论是体育专业标准的制定机构（美国教师培养认证委员会、美国健康与体育教育协会、美国联合健康教育专业认证委员会等），还是认证实施机构，他们都不隶属于某个社会团体或个人，也不是高校专业的代言人，更不属于政府，而是为高校提供服务的中立性社会中介机构。认证机构与高校之间是一种评估与被评估的关系，双方互不干涉对方的工作，认证机构无权干涉培养机构的日常教学和行政事务，高校更不会对认证机构的各项工作评头论足，双方是一种平等的服务与被服务的关系。美国体育专业认证机构通常与美国联邦政府保持着合作伙伴关系，他们需接受联邦教育部或高等教育认证委员会的认可后方可开展认证工作，联邦政府根据认证机构对各个高校的认证结果对高校进行财政拨款。

（三）严格细致的认证过程

美国体育专业认证机构在认证评审实施过程中有着非常严格细致的操作流程。如教师培养认证委员会的认证可分为认证资格的获得、早期自愿认证评估、认证途径的选择、自我评估报告的提交、认证实地考察与评审、年度报告的提交6个阶段,并且每一个阶段又分为几个具体的小步骤,例如针对认证资格的获得,教师培养认证委员会规定已经获得全美教师教育认证委员会认证的体育教师培养机构可自动获得认证资格,未获得全美教师教育认证委员会认证的培养机构必须并向其提交一份详细的认证申请表;评审团队的实地考察又分为5个步骤,即自我评估报告的初步评审、培养机构的自我修正、实地考察及报告撰写、培养机构的反馈、实地考察机构的反馈等;认证委员会的评审也可分为初级评审、联合评审和最终决议3个步骤。再如,运动科学认证委员会的实地考察包括15个方面,分别从考察宗旨、考察小组职责、人员任务分配、行为规范、会议协调、评审报告、费用、保密、日常安排、考察人员评估等方面规范实地考察,尤其是对考察日程的安排精确到小时,精细的安排确保实地考察高质量、公平的完成考察任务。可见,美国体育专业认证体系的步骤较多,而且更加细致和严格。

(四)认证标准的全面性

为了更有针对性保障体育专业教育质量,美国体育专业认证机构通常根据机构、职业和课程分别颁布不同的认证标准,如体育教师教育专业认证包括两个部分,即教师教育机构标准和体育教师标准。运动科学专业认证委员会颁布了培养机构标准和课程标准,在标准的具体内容规定上也体现出全面性特点,如美国体育教师标准的内容全面覆盖了体育教师的专业素质构成,作为一名合格的体育教师不仅要具备基础运动知识和教育学知识,而且要具备把知识应用到具体教学实践中去的能力,并且在具备基本运动能力和专业精神的基础上,对教学过程加以管理,并在教学过程中及时评价学生的表现,对学生产生良好印象。高级体育教师更注重对自身教学实践的反思,了解学生的个性并做到因材施教,据出作为一名高级体育教师应该具有的领导力,这些内容都在标准中有所体现。体育教师教育机构标准概括了组织的结构、使命、师资、管理、资源、教学等内容,这些都是培养合格体育教师的基础性要求。因此,机构、职业和课程三个不同类别的标准提供了体育教师教育专业有效评价的完整框架。

（五）认证机构与培养单位有效互动

专业认证是认证机构对培养单位教学质量进行的一种外部评鉴活动，为了达到通过认证提高体育专业教育质量、为社会提供高素质体育专业人才，进而促进社会进步的认证目的，认证机构必须与培养单位开展有效的合作与沟通，这也是保障认证效果的前提条件。鉴于此，美国体育专业认证机构在认证实施过程中充分尊重培养单位的教学自主权，并且能够与培养单位有效合作，为其提供高质量的服务。以教师培养认证委员会的认证为例，在正式认证实施之前，认证委员会分阶段逐步对教师培养机构的前期自评工具进行监测并提供反馈，以保障培养机构有充分时间对自评工具进行修正或搜集补充性证据；此外，教师培养认证委员会还根据培养单位的实际情况，为培养单位提供了3种认证路径，即简要调查、选择性改进和主动变革。多样的认证路径可以让培养机构自主选择认证过程、自主决定自评报告的提交方式，这种灵活多样的认证形式，为不同类型的体育教师培养机构提供了展示自我特色的机会，同时，可以鼓励他们参与认证，提高认证参与度。由此可见，在认证实施前、实地考察中以及认证结束时，认证机构都能够与培养单位充分协商，这不仅保障了培养单位的合法权益，同时有效互动可让培养单位充分认识到自身在人才培养过程中存在的问题，进而为后续提高专业教育质量奠定了基础。

二、对我国体育专业认证体系构建的启示

（一）加强认证基础理论研究

美国高等教育认证已有100余年的发展历程，积累了丰富的认证经验。2017年10月，我国体育教育专业开始参与师范类专业认证，自此，体育专业认证在我国正式开始。不同于以往的学科评估和院校评估，专业认证是一种崭新的评估形式，诸多高校的认证参与人员缺乏认证理论知识和实践

经验。鉴于此，我国有必要加强认证基础理论的研究，尤其在认证目的、认证理念、认证标准、认证组织、认证实施、认证程序、认证结果使用等方面加大研究力度，并基于研究结果广泛宣传，为我国其他体育类专业后续参与认证工作提供认知导航。此外，还必须关注本土化专业认证体系的探索，与美国相比，我国体育专业认证环境和发展阶段具有特殊性，我国不仅缺乏体育专业认证组织、专家，而且缺乏专业认证的经验和第三方认证机构的有力支持。这就决定了我国体育专业认证理论研究必须立足于国情，结合体育专业建设的长期经验，坚持"洋为中用"的原则，有选择性地吸收域外经验。

（二）提供多元化的认证方式

我国高等体育学类本科专业分设在不同级别和不同类别的高校内，从高校层次上来看，既有学科实力雄厚的双一流高校，也有地方普通高校；从高校类别上来看，既有历史悠久的体育专业院校和师范类院校，也有理工类、民族类、财经类、农林类等院校，不同层次和类别的高校在专业发展历史和办学水平方面不相同。因此，我国高等体育专业认证的实施应该充分考虑以上差异，提供多种认证方式，以便高校能够根据自身需要选择适合的认证途径。从美国体育专业认证经验来看，教师培养认证委员会能够照顾到不同体育教师培养机构的需要，提供了3种认证路径，多元认证方式可以让体育教师培养机构自主选择认证过程和自评报告的提交方式，既满足了认证机构的要求，又提高了认证主体参与的积极性。因此，可以借鉴美国认证经验，采取多元化体育专业认证方式，这样可以避免由于采用全国统一的认证模式而导致的课程设置趋同化和培养方式的标准化，同时，多样化的认证方式可以避免繁琐、刻板的认证过程，也可以激发高校的创造性，提供个性化的人才培养模式。

（三）成立体育专业认证机构

近年来，我国体育学类本科专业教育规模不断扩大，招生人数持续增加。但是并没有构建一个公正、公平、权威的体育专业认证机构。除体育教育专业之外，其他体育学类本科专业无法开展认证工作。2011年10月教育部颁布《关于普通高等学校本科教学评估工作的意见》，其中明确指出："鼓励专门机构和社会中介机构对高等学校进行专业评估。这为我国体育专业认证机构的成立提供了契机。认证机构是专业认证实施的前提和关键，同时也决定着专业认证的实施质量。基于美国分权制的特点，美国体育专业认证是由不同认证机构负责实施的。结合美国的认证经验和我国国情，我国体育专业认证机构可包括两个主体，即教育部高等教育教学评估中心（简称"教育部评估中心"）和体育专业学术组织。当前，我国师范类专业认证工作就是在"教育部评估中心"主导下开展的，因此，"教育部评估中心"毫无疑问应该成为体育专业认证的宏观指导机构，并在整个认证过程中起到核心主导作用。

宏观机构主要从政策制定和顶层设计的角度保障体育专业课程质量，与此相对应，中介性质的专业组织在专业认证实施方面承担专业角色。如美国联合健康教育认证委员会是一个独立机构，它既不代表政府，也不代表学校，其中介性质可以保障认证过程的公正性、科学性，并且联合健康教育认证委员会的体育专业认证在美国具有高度的权威性。就我国情况来看，在"教育部评估中心"的宏观指导下，体育专业认证的具体实施机构应该是国内体育教育领域最权威的协会组织，"教育部高等学校体育教学指导委员会"（简称"教指委"）是对高等学校体育教育教学工作进行研究、指导、评估以及提供咨询和服务的专家组织。因此，可以在"教育部评估中心"履行监督职责的基础上，将"教指委"作为我国体育学类本科专业认证的具体实施机构，并成立专门的分专业认证委员会，保障体育学类本科专业认证制度的科学性、专业性和规范性。

（四）加强院校自我评估机制

美国体育专业的认证是一个由诸多环节和步骤组成的系统工程，但起点是专业的自我初评。如美国体育教师培养机构甚至于实地考察前三年就开始自我评估，通过自评主动查找差距，完善证据，进而为后续认证成功奠定了基础。现代评价理论认为，自我评估有利于拓宽评价的信息来源，获得全面、客观、公正的评价结果，还有助于自我审视、自我反思和自我改造，提高认证效率。虽然我国现在的院校审核评估有内部自我评估的规定，但大都是为应对外部评估而存在的，而非高校自觉自愿的内部评估，不能真正保证专业教育质量。因此，在我国体育专业认证的实施过程中，应该借鉴美国认证的有益经验，从根本上认识专业认证的价值和作用，加强和完善专业质量的内部评价机制，提高专业认证参与的积极主动性。

第三章
英国体育专业认证体系

英国虽然没有专业性的体育院校，但是英国高等院校体育专业设置的历史较早。1933年里兹地区卡尼基大学体育学院的成立以及数年后劳毕诺夫学院体育系的成立，标志着英国高等体育专业教育的开始。英国大学体育专业设置强调与社会需求相联系，表现出"市场需求"导向的专业设置理念，其主要特征是通过跨学科培养人才，以满足社会对体育人才的需求。在教育质量保障方面，英国向来有院校自治和学术自由的传统，高等教育质量主要由大学自身负责。但是，在经历了20世纪60年代的规模扩张之后，特别是80年代英国经济恶化，政府压缩高等教育经费投入，英国高等教育质量呈现出下降的趋势。如何在大学生数量急剧增加，教学资源越来越缺乏的状况下保证教育质量成为教育界关注的话题。借鉴国际高等教育质量保障措施，近年来英国也开始实施高等教育专业认证制度，其中，体育类专业分为体育教师教育专业和其他体育专业两个类别，英国高等体育专业教育质量保障工作分属两个机构承担，即高等教育质量保障署负责其他体育专业的质量保障工作；国家教学与领导学院负责体育教师教育专业的质量保障工作。

第一节 英国体育专业认证实施背景

一、英国评估型政府的兴起

英国评估型政府的兴起受到政府财政紧缩、新自由主义思想和新公共管理思想的影响。1979年英国保守党上台执政，政府开始实施财政缩减计划，施行以市场、节约、私有化、效益为主题的施政纲领。受此影响，英国政府对高等教育的拨款大幅减少，高等教育受到极大冲击，"少花钱""多办事"成为英国高等教育政策的重要特征。在这种背景下，英国评估型政府应运而生，政府期望改革现有的教育评估和监督机制，将学校自我评估和外部评估结合起来，进而建立起第三方独立评估机构。

英国评估型政府的建立除了受到经济因素的影响外，还受到新自由主义思想体系的影响。新自由主义的代表人物佛利德曼认为，政府需要自由的市场经济，同时必须限制政府的作用，因为政府的许多行为是强制性的，这与自由市场经济不相容。在新自由主义的引导下，市场的势力开始抬头，解除管制、减少政府干预、扩大市场作用的改革呼声扩展到公共管理领域和高等教育领域。可以说，新自由主义的理论和观点是20世纪80年代以来英国评估型政府兴起以及高等教育政策改变的主要思想基础。

"新公共管理"思想也是英国评估型政府兴起的重要影响因素，"新公共管理"的主要含义是企业化管理、加强竞争和市场导向、政府采纳企业管理方法来提高行政效率。与传统的公共行政管理模式不同，新公共管理主义对政府与社会的关系进行了重新界定，营造顾客导向的行政文化，即政府不再是高高在上的官僚机构，公众是政府的"顾客"，政府服务以"顾客"需求为导向，以"新公共管理"的思想为基础，评估型政府强调减少政府干预、发挥市场作用、关心效益和质量、重视问责和评估，实施绩效目标控制、重视人力资源管理、强调成本—效益分析。

评估型政府的一个重要标志是特别强调评估机构的地位和作用、评估机构的改革以及创建新的第三方评估机构。评估型政府对高等教育的影响表现在两个方面：一是肯定高等院校在质量评估中的重要作用，鼓励高校积极开展自我评估和外部评估；二是鼓励社会创建新的非官方评估机构，完善高等教育质量外部评估体系。在评估型政府的框架下，政府对高等教育的直接控制转变为间接的宏观控制，一些新的独立于中央决策范围的社会中介机构得以形成。中介机构的建立为政府实现对高等教育的宏观管理、高等教育的自主发展开辟了新的空间，英国高等教育体育认证机构和认证体系的形成得益于这样的宏观背景。

二、英国审核型社会的出现

1979年撒切尔夫人上台执政，之后新政府开始了一系列的政治改革措施，英国的审核风暴就此开始。1983年4月，英国政府成立了审核委员会，与我国对"审核"一词的理解不同，英国政府实施的"审核"是指从财务会计审核对服务质量、效力和绩效的审核。审核委员会成立的宗旨是致力于成为"改进公共服务的驱动力"。20世纪80年代，英国保守党政府摒弃了"保姆国家"的理念，推崇放任自由模式的"企业文化"，尽管有质疑和抱怨，但审核以及与其相关的质量保障计划逐渐为人们所接受。

英国新政府的审核风暴延伸到诸多公共服务领域，新的机构也陆续出现。将审核活动引入高等教育领域并不是单纯将学术机构重建为经济机构，而是将审核作为一种新的治理理念应用于高等教育领域。1992年，英国政府成立了教育标准办公室，其工作范畴逐渐从最初的学校审核拓展延伸到地方教育管理机构、教师培训机构、课程以及教育研究等领域。英国政府坚信市场是进行问责的最佳模式，而将审核引入高等教育领域的目的是建立一个标准化、规范化、持续改进和高效问责的高等教育体系。审核型社会一步步将大学重塑为一个可审核的机构，高等教育体育专业认证体系的建立也是基于审核型的社会环境。

三、英国高等教育市场化改革

第二次世界大战之后，英国经济快速复苏，急需大量专门型人才，加之人口激增、义务教育的普及，高等教育的发展显然已经无法满足社会的需求，由此导致英国民众对本国高等教育的落后发展越来越不满意，英国精英高等教育模式受到了严重挑战。1963年，英国高等教育委员会颁布了《罗宾斯高等教育报告》，报告探讨了英国高等教育如何为社会服务这一重大问题，其主要观点是"改变传统的培养传教士、法官、律师和医生等精英教育模式，为人们提供在社会生活竞争中需要的技术和能力，使那些有能力、有条件、有意愿接受高等教育的人获得受教机会",这就是有名的"罗宾斯原则",它对英国高等教育产生了深远的影响。在"罗宾斯原则"的鞭策下,英国政府采取了将学生人数和教育经费挂钩以鼓励高校扩招和创办新的高等院校,此后几十年英国高等教育规模持续扩张,在原有20所大学的基础上扩增到20世纪末的190所,在校生人数也由1963年的20万人增加至1998年的170万人。此外,英国高等教育从办学方针、规模、监控、评价等各个方面均发生了深刻的变革,自此英国高等教育进入了市场化、大众化阶段。

在英国高等教育大众化、市场化发展阶段,大学对教学质量的关注越来越少,这个问题引起了人们的关注。虽然1989年英国大学校长和副校长联合会成立专门的学术审查部门,并对高校教学活动进行审核,但政府对这种内部审核结果并不满意,由此政府开始组建高等教育外部评估机构,英国体育专业认证机构及其认证体系的构建就是在这种背景下开始运作实施的。

四、英国高等体育专业人才的需求

英国早期体育专业教育的主要任务是培养体育师资,1946年伯明翰大学建立了英国第一所运动科学学院,自此英国开启了运动人体科学方向人才的培养。至今,英国有67所高校开设了体育学院或体育系,体育专业类别也逐渐增多。据英国第3版学科专业分类目录(JACS)的统计显示,英国体育学的名称是体育运动科学,代码为C600,归属于生物科学。体育学下设5个分支学科,分别是运动训练,主要是指导运动员的竞技能力提升;体育发展,主要是为体育运动提供诊断、分析以提升运动中的各要素;运动技能、康复与理疗,主要是运用解剖、生理、心理和运动力学的手段对身体技能进行调适;体育研究,主要是从社会、文化、健康等视角来研究体育的本质与影响;体育技术,主要是从生物工程、材料技术等角度研究科技和工效学对体育的影响。此外,在其他相关学科还设有3个体育类专业,分别为体育心理、体育管理和教练员,分别归属于心理学、管理学和教育学(表3-1)。

表3-1 英国体育学科专业分类体系一览表

编号	学科	编号	专业或研究方向
C600	体育运动科学	C610	运动训练
		C620	体育发展
		C630	运动技能、康复与理疗
		C640	体育研究
		C650	体育技术
C800	心理学	C813	运动心理
N800	管理学	N880	体育管理
X100	教育学	X151	教练员

从表3-1可以看出，英国体育学本科专业数量较多，且分散设置在不同母学科下。由最初的体育教师教育专业，扩展到运动心理、体育管理、休闲体育、运动教练、运动调控等不同专业。英国是一个重视体育的国家，从近代户外运动的开展到现代运动医学、体育产业管理等人才的培养都处于世界领先地位，因此，英国大学体育专业不仅吸引着本国学生的青睐，而且也吸引着众多国际学生的加入，英国高等体育专业教育的招生规模也不断扩大。

第二节　英国体育专业认证机构

英国高等教育质量保障体系具有多层次、多类别的特点，其中与体育专业认证相关的机构包括英国高等教育质量保障署（QAA）、国家教学与领导学院（NCTL）和英国体育运动科学协会（BASES），三个机构分别从不同层次保障体育专业教育质量，其中高等教育质量保障署从宏观角度以院校审核的形式保障高等教育质量，国家教学与领导学院负责体育教师教育专业的质量保障和认证工作，体育运动科学协会负责体育科学类专业认证。

一、高等教育质量保障署

20世纪80年代以前，英国主要依靠大学自身负责教育质量的保障工作。1989年英国政府将运行了70多年的大学拨款委员会改组为大学基金委员会，将大学的评估与拨款联系起来，加强了社会对大学的问责。同年，英国大学校长和副校长委员会成立了学术审计小组，负责审查、评估大学的质量保障机制，学术审计小组主要负责大学的教学工作，并不负责科研工作，并且其审计也不是强制性的，大学有权自主决定是否参与审计。

自此，英国确立了分别针对技术学院和大学的双轨制高等教育质量保障体系。然而，这种双轨制的保障体系也有弊端，它加剧了英国高等教育的等级分化，使得技术学院在与大学的竞争中处于不利地位。1992年英国政府解散学位授予委员会，同时，建立了英格兰、苏格兰、威尔士和北爱尔兰4个拨款机构，称为高等教育基金委员会，其下设有质量保障委员会，负责高校的教育教学质量评估。除此之外，大学校长和副校长委员会和技术学院院长委员会于1992年5月合并成立了高等教育质量委员会，该委员会对高校办学质量进行评估和审核。质量保障委员会和高等教育质量委员会分别代表政府和中介组织负责高等院校的教育质量保障工作，但是二者的标准不同，且工作有重叠之处。因此，1997年3月，英国将以上两个机构进行合并，成立了统一的高等教育质量保障机构——高等教育质量保障署，全面负责英国高等教育的外部质量保障工作。

高等教育质量保障署是一个非官方性质的中介组织，其经费来源为基金委员会的合同拨款和大学上缴的会费。高等教育质量保障署接受政府授权对高等教育开展质量评估，其最高管理机构是由14人组成的理事会，其中4人来自大学，4人来自拨款委员会成员，6名为工商金融领域实践经验丰富的社会人士，多元的人员构成确保了其管理运行的公平合理性。

2002年，高等教育质量保障署与高等教育部门合作制定了一套新的高等教育质量保障体系，即英国学术规范体系，该体系由《学位资格框架》《学科基准》《专业规范》和《实施准则》四个部分组成。其中，《学科基准》是高等教育各个学科的教育标准，是高等教育质量保障署组织开展学科教学质量评估的主要依据。《学科基准》共划分了42个学科门类，体育学属于"酒店、休闲、体育和旅游"学科门类的分支学科。

二、国家教学与领导学院

与中国体育教师培养体系不同，英国具有一套独特的体育教师培养体制，英国学生想成为一名合格的体育教师，除了接受正规的全日制本科教育之外，还需要接受为期一年的入职教师培训，达到相应标准之后才能被授予教师资格证。因此，一名合格的体育教师需要满足两个标准，即入职教师培训标准和教师标准，两个标准都是由"国家教学与领导学院"颁布的，该学院是英国教师教育管理的权威机构，它负责所有教育机构和教师的认证、管理、培训等。

国家教学与领导学院的成立最早可追溯到教师教育认证委员会，1984年4月，英国教育与科学部公布了《职前教师培养：课程认证》，成立了教师教育认证委员会，同时颁布了教师教育课程认证标准。教师教育认证委员会主要负责英国职前教师教育课程、培训内容和教学质量的审定，并根据评审结果提供毕业生能否得到教师资格证书的建议。教师教育认证委员会的成立，改善了教师教育的准入门槛，但教师的培养模式依然单一，教师标准也没有得到解决，而且能力本位指导下的教师教育认证更加关注教师教学的技能和技巧，忽视教师的主观能动和认知反省等，同时教师教育认证委员会的管理运营模式也受到英国当局的不满。1992年英国成立了一个新的检查评估机构：教育标准办公室，其职责包括为儿童和青少年提供广泛的政府检查和评估服务，包括国立学校、独立学校、早期教育、继续教育、军事教育、监狱教育、儿童教育和职前教师教育。

英国教育与科学部于1994年成立了新的教师教育管理机构：教师培训署。教师培训署是一个非政府部门的执行性机构，其职责是为教师教育机构的教学提供信息和建议，同时负责认证各种教师培训机构的资格，评估教师培训的质量，并首次将教师教育机构的表现与获得资助金额联系起来。1997年，教师培训署首次颁布了《合格教师资格》和《合格教师资格标准》，并将这两个文件作为教师合格的评估依据；2002年教师培训署和教师标准办公室联合修订颁布了《胜任教学：合格教师标准与职前教师培训要求》，以取代原有的两个标准，该标准从专业价值和实践、知识与理解、教学实践三大维度对申请者提出了具体的要求，尤其强调了师范生的教育教学实践能力，保证了初任教师的培养质量。

2005年，英国教育部通过《2005年教育法》，并成立学校培训与发展署替代教师培训署。学校培训与发展署除了继承教师培训署原有的工作与政策，也进一步扩大了其职能范围，与中小学的关系更加密切，重视学校内部成员合作、学校间伙伴关系等，致力于促进学校工作的发展、促进学校提升教学标准并开展各项活动及改善学校质量和效率等。从2006年开始，学校培训与发展署整合了原有的《合格教师专业标准》《入职教师专业标准》《资深教师专业标准》《高级教师专业标准》，增加了《优秀教师专业标准》，综合制定了《英格兰教师专业标准》，并于2007年9月颁布实施，该标准的制定在英国产生了很大影响，也受到了其他国家的关注。2012年9月，学校培训与发展署修订颁布了新版《英格兰教师专业标准》。

学校培训与发展署在修订标准的同时，也进行了机构改革。2012年4月该机构与英格兰教学协会合并成为新的机构"教学署"。2013年4月，"教学署"和"国家学校领导学院"合并为国家教学与领导学院。国家教学与领导学院是教育部所属的执行机构，旨在建立具有专业水平的教师队伍以满足学校需求，并促进学校间的合作以提高专业水平，其目标是建立最好的学校和培养最优秀的教师，帮助学校及其合作伙伴共同发展，促进英国高等教育高质量发展；与此同时，与教育标准办公室共同合作以负责教师教育的认证工作。

三、体育运动科学协会

体育运动科学协会（图5-1）是英国体育科学领域的权威机构，该协会的宗旨在于运用科学原理来推广、维护和增强人们的体育运动参与，并且通过基于证据的实践活动促进体育运动科学的卓越发展。

图5-1 英国体育运动科学协会徽标图示

（一）体育运动科学协会的发展历史

体育运动科学协会的成立，最早可以追溯到1984年成立的体育科学学会。体育科学协会成立的目标是促进体育科学研究领域内部人员之间及与外部科研人员的有效交流，以及体育科研成果和信息的传播，以确保体育科学在学术机构中具有较高的学科地位。

体育科学协会成立以来发生过五次重大变革，第一次发生在1993年，即体育科学协会与运动心理学会合并，改名为体育运动科学协会，以保持协会在英国体育运动科学领域内的基础性地位。第二次变革发生在1996年，将"开放部"变成了"跨学科部"，这意味着协会主要集中于跨学科体育运动科学知识的整合，以解释体育和身体活动方面的相关行为，并为运动实践提供政策和信息。第三次变革发生在2005年2月，即将体育运动科学协会变成一个私立的有限公司，并通过公司章程及大纲细则来进行管理。第四次变革是将协会重组并分为3个子部门：运动表现部、身体健康活动部、教育职业发展部，通过机构改革，会员将与其自身职责紧密结合在一起，从而更好地为社区做好服务、满足社区需求，以吸引更多的体育健康专家、学生和高校教师成为会员。第五次结构变革发生在2014年，这次部门变革是由协会成员提议进行改革的，即将协会重组为5个部门：生物力学与运动行为部、生理与营养学部、心理学部、健康身体活动部、运动表现部。

（二）体育运动科学协会的性质

体育运动科学协会致力于体育运动科学领域专业标准的制定，提升体育运动科学专业人员的道德水准，协会目标包括提升体育运动科研水平，鼓励体育运动科学中的循证实践，传播体育运动科学知识，制定并维护体育运动科学领域的专业标准，代表国内外体育运动科学学科利益。协会主要采用以下3个学科领域的基本原理和方法来实现其基本目标：生物力学，对人体运动的原因和结果的检测，运用机械原理分析人体与器械设备的相互作用；生理学，关注身体对运动训练的反应方式；心理学，解答人体在运动中产生的行为问题；或采用跨学科方式，采用两门或多门学科知识解决体育活动中的现实问题。

专业认证是协会的主要职责之一，该协会于2005年开始启动本科专业认证计划。截至2019年12月底，已有47所大学的58个荣誉学士学位通过了认证。在认证过程中，体育运动科学协会根据教育机构提供的认证申请表格，由2名委员会成员进行评审，评审员会详细审阅认证申请表及其辅助材料，然后作出认证决议，最终的认证结果有四种：通过，专业完全符合认证标准；有条件通过，专业符合认证标准，但是存在需要改进的领域；延期通过，符合大多数认证标准，但是有些领域需要进一步提供详细证据。在反馈建议中，评审员会指出需要提交的额外证明材料，之后两名评审员会作出最终的认证结果；不通过，专业未符合认证标准，不通过的原因可能是课程结构、教学内容或专业规定不符合认证标准的要求。

专业认证有效期为5年，如果要维持有效认证，教育机构必须在5年有效期内提交维持认证申请表。如果在5年的认证有效期内学位课程发生了重大变动，则必须将这些变动信息告知体育运动科学协会，并由评审委员会进行评审，评审结果可能是：①无需采取任何行动，学位课程的变化被认为不会影响其认证标准的达成；②重新提交认证申请，学位课程的变化被认为是重大的，足以表明其不再符合认证标准。此时，评审员将建议教育机构重新申请，教育机构须于3个月内填写并递交新的申请表格。此外，与其他国家的免费专业认证不同，英国体育学科专业认证是收费的，即单次认证的费用为1500英镑，包括5年期的认证申请评审和评估过程的费用。如认证申请未能审核通过，体育运动科学协会将退回全部申请费用的80%。

第三节 英国体育专业认证标准

认证标准是专业认证体系的主体部分，英国体育专业认证标准包括3个部分，即体育学科基准声明、体育教师教育认证标准和体育运动科学认证标准。本文以体育学科基准声明、体育运动科学认证标准为例，分析英国体育专业认证标准的具体内容和特征。

一、体育学科基准声明

2019年英国颁布了第三版的体育《学科基准声明》（简称：体育学科基准），体育学科基准是由英国体育运动科学协会的专家与相关利益组织充分协商制定而成。体育学科基准是英国体育本科专业教育的最新标准，也是英国体育本科专业教育质量评估的基本依据，它的颁布标志着英国体育学学士学位和学历教育基本学术质量标准的确立。

体育学科基准描述了体育学科专业教育及其课程的性质、特征和教学方法，它具有广泛的应用目的：①为大学设置新专业或课程提供了重要的参考依据，使新专业或课程的规划、设计有章可循，避免了同一专业在不同院校具有多种学术标准；②为高校提供了内部质量保障的参考，高校可以按照学科基准的要求对学生的学习成果进行审查和评估，并据此为专业的设置和取消提供参考标准；③面向学生，为他们提供学科专业的相关信息，以便他们在选择专业和课程时参考；④面向学生家长和用人单位等利益相关者，使他们了解该学科专业的毕业生所掌握的知识、具备的技能，为他们的决策提供参考；⑤对学位的获得规定了最低要求，确保毕业生具备到相关企业或部门工作的资格，同时为不同院校同一专业的教学质量和学习结果的比较提供了便利。体育学科基准由高等教育质量保障署颁布实施，其适用对象为英国体育学（荣誉）学士学位，其核心内容主要包括以下四个部分。

（一）专业性质

专业性质介绍了体育概念及与其相关专业的关系。体育学科基准认为，体育是个人或集体参与的不同形式的身体活动，目的在于增强体质、提高心理健康水平、形成良好的社会关系以及在不同级别的竞技性比赛中有所收获。从以上定义可以看出，英国对体育的认识是比较宽泛的，不仅包括竞技运动、户外运动、健美健身等广泛的运动形式，作为一个专门的研究领域，体育还包括健康、身体活动、运动训练，以及体育社会学、体育文化学、体育管理学、体育科学等方面的内容。

（二）知识范围与课程体系

知识是教育的基础和载体，一个具有较强能力和良好素质的人应该掌握丰富的知识，否则很难做到能力的培养和素质的提高。所以，要以知识为载体进行能力培养和素质教育。英国作为现代体育和体育产业的诞生地，其体育产业十分发达，这也使得体育成为英国最具吸引力的学术研究领域之一，不同领域的研究人员从跨学科的角度源源不断地丰富着体育学科的知识体系，使得体育专业成为英国高等教育发展最快的学科专业之一，这可从英国大学体育专业招生规模的快速增长中得以证明。作为高等教育一个可靠的学习和研究领域，体育学科基准列出的体育本科专业知识领域和相应的课程如表3-2所示。

表3-2 英国体育学科基准知识范围和课程体系

维度	知识范围	课程名称
生理	人体对运动的反应和适应	人体解剖和生理学、运动学、人体生长与发育、锻炼生理学、锻炼科学、运动心理学、运动生物力学
技能	运动技能的提高、监控和分析	体育教学（非教师资格）、动作训练、训练理论、技术学习、教练辅导、运动技术
健康	健康和疾病管理方面的锻炼活动	运动营养学、运动损伤、锻炼心理学、特殊体育
文化	体育在历史、社会、政治、经济、文化方面的传播和影响	体育法、体育伦理学、体育社会学、奥林匹克研究、体育经济学、体育政治学、体育史、体育哲学、体育社会文化问题
管理	体育运动的政策、规划、管理和提供	体育发展学、体育管理学、体育营销学、体育发展战略

体育作为一门综合性学科，不同范围的内容及其教学方法存在着巨大差异。但总体来说，英国体育学本科专业开设的课程主要集中在人体对运动的反应与适应、运动技能的提高与监控、健康与疾病管理、体育人文历史、体育管理与规划5个方面。体育学科基准规定，开设体育专业的高等院校向学生提

供的知识范围和课程体系必须包含表3-2中所列的两个或两个以上的模块。因此，运动技能并不是所有体育专业学生必须学习的课程，例如，爱丁堡大学体育休闲管理专业并没有开设运动技术课程，英国巴茨大学和利兹大学体育教育专业的课程设置中，技术课程少而且模糊，仅仅在第一、第二学年有技能Ⅰ和技能Ⅱ以及教练Ⅰ和教练Ⅱ课程，而且没有反映出是什么体育项目。可见，与我国体育类专业注重运动技能的传授不同，英国体育本科专业非常重视学生基础理论知识的掌握。

（三）专业标准

体育学科基准的专业标准分为通识教育标准、专业教育标准以及专业类别标准，其内容包含了具体的知识维度和相应的学习结果，从而构成了一个完整的标准体系。

1. 通识教育标准

高等教育质量标准署规定各个分支学科在制定本专业的学科基准之前，都要遵从英国学术规范体系的通识教育标准要求，即毕业生通过课程学习而获得的通用学习成果，这些学习成果表现为知识和理解及技能（表3-3），这是对所有学士学位毕业生的一般要求。

表3-3 英国体育学本科专业通识教育标准

知识维度	学习结果
知识和理解	1. 批判性分析研究方法的应用背景和数据来源
	2. 批判性解释不同类型的数据以及不同研发方法的优缺点
	3. 从专业（职业）角度描述、综合、解释、分析和评价相关信息和数据
	4. 对实践的自我评价和反思
	5. 持续独立的规划、设计和实施一项智力性工作，并具备鉴赏、解释和评价相关数据的能力
	6. 识别研究立法和职业行为规范的道德、伦理、可持续性和安全等问题，并做出相应反应
	7. 对自我学习以及个人职业的持续性发展负责

(续表)

知识维度	学习结果
技能	1. 运用知识解决熟悉和陌生的问题 2. 有效的沟通和演示技能 3. 高效的独立工作以及与他人合作 4. 运用恰当技术、采用合理步骤规划、设计、管理和执行实践性活动，并展示出高水平的技能 5. 在持续性的安全风险评估下从事野外作业 6. 研究和评估范式、理论、原则、概念和真实信息，并解决实际问题

通识教育标准是从宏观的角度对所有（荣誉）学士学位获得者提出的最基本的专业要求，其内容主要包括对学科专业的理解能力、反思评价能力、科研能力、实践操作能力、表达沟通能力、合作能力、职业道德伦理等，这是一名合格的体育专业大学生必须具备的基本能力。

2. 专业教育标准

在通识教育标准的基础上，各个分支学科根据本学科的实际情况制定专业教育标准（表3-4）。需要指出的是，在制定体育学科基准的过程中，英国体育运动科学协会的专家与学生、高等院校、用人单位等利益相关者充分协商，同时，还广泛参考残疾人平等法案以及16岁以上成年人教育和相关服务提供者行为守则，旨在保持高等教育的平等性和多样化。另外，还参考高等教育学会的相关规定，与高等教育学会共同商讨课程教学、相关政策等理论和实践问题，为体育学科基准的制定提供了宝贵资源。

表3-4 英国体育学本科专业教育标准

知识维度	学习结果
人体对运动的反应和适应	1. 充分理解和有效利用人体结构功能的基础性学科知识 2. 评价和鉴定运动训练效果 3. 具备相应技能以监测和评估人体运动反应 4. 竞技运动与身体活动之间的关系，对各种运动参与人群进行干预，包括老人、残疾人、儿童等特殊人群

(续表)

知识维度	学习结果
运动技能的提高及其监控和分析	1. 监测、分析、诊断和描述运动构成要素的动作，以提高学习效果和运动成绩 2. 具备在实验室和运动场监测和评价运动成绩的技能 3. 能够采用教学、指导、训练等手段提高运动成绩，并对这些手段的综合运用效果进行批判性评价
与健康和疾病控制相关的运动锻炼及身体活动	1. 熟悉目前政府的疾病预防政策，了解疾病预防与运动锻炼的关系 2. 能够通过锻炼监测健康并给出恰当的干预措施 3. 具有监测健康水平的能力，并给出相应地运动干预措施 4. 具有健康安全意识、行业道德，开设运动处方，根据不同人群进行差异化教育，认知提升国民素质的健康和体育机构等多种技能
体育运动的历史、社会、政治、经济、文化传播和影响	1. 深入了解体育组织和机构及其产生的政治影响 2. 运用社会学、经济学和政治学理论解释社会体育运动的发展和分化 3. 展示体育运动的社会文化意义，及其对运动参与和运动规则的影响
体育运动的政策、规划、管理及运动机会的提供	1. 理解经营、财务、人力资源、市场营销的理论、概念和实施准则，并把他们应用到体育运动和体育赛事中 2. 运用战略发展规划技能，分析体育组织和机构的发展意向，满足其发展需求 3. 批判性的评价职业背景下的体育可持续发展和体育设施的便利化

从表3-4可以看出，体育学科基准从5个维度对体育专业知识进行分类，每一个维度又从知识掌握、知识理解、知识应用、技能展示等方面制定了相应的学习成果指标，并通过基本知识和技能的掌握促使学生反思能力、评价能力、综合实践能力的提高。需要指出的是，体育学专业教育标准是对获得体育学（荣誉）学士学位毕业生的最低要求，高等教育质量保障署在对体育专业进行评估审查时，学院必须能够证明所培养的学生达到了以上要求。当然，以上指

标体系只是宏观的描述，其操作性并不十分强，各个学院要根据学科基准的要求和自身专业的具体情况，制定更加详细的专业规范。

3. 专业类别标准

在英国，体育是一个很宽泛的概念，除了体育教师教育专业之外，所有纳入体育学科基准的专业基本可分为"管理""科学"和"研究"3个不同类型。其中，"管理型"专业有运动管理、体育休闲管理、健康与健身管理、体育旅游管理等，"科学型"专业有锻炼科学、健身科学、运动科学等，"研究型"专业有教练研究、锻炼研究、健身研究、运动研究等。不同名称代表不同的含义，对毕业生的要求也不相同，学科基准对此进行了区分（表3-5），这种区分不仅可以使高等院校有针对性的制定自身专业规范，同时，有利于高等教育质量保障署有区别的开展专业评估，提高评估的科学性。

表3-5 不同类型体育学本科专业教育标准的区分

学位类型	专业名称	评价标准
管理型	运动管理、体育休闲管理、健康与健身管理、体育旅游管理等	1. 通过专业实践表明具备了职业性的管理知识和技能 2. 评估和应用与人力、财力和物力资源的运营和战略管理相关的概念
科学型	锻炼科学、健身科学、运动科学等	1. 理解科学范式的哲学基础 2. 运用科学的方法和恰当的技术搜集、解释和分析相关数据
研究型	教练研究、锻炼研究、健身研究、运动研究等	1. 对自身熟悉学科的一系列科研成就进行评论 2. 具有深厚、宽泛、综合的学科知识

（四）教学与评估

体育学科基准提供了多样的教、学及评价方法。如学生可以采用全职学习、兼职学习、三明治课程学习（即学生先在大学读两年，然后带薪实习一年，最后再回到学校完成一年的学业）、远程学习等学习模式，尤其把行业实习和以工作为导向的学习视为教学的重要组成部分。提供的教学方法有：讲座、专题讨论会、集体和个别辅导、实验室实习、现场演示、案例研究、实地考察、行业实习、团队工作、独立学习与研究、技能提升及混合式学习。在教学评估方面，学科基准中并没有硬性规定必须采用的评价方法，但是，高等院校必须证明学生达到了预期的学习成果。通常来说，针对不同类型的学习方式应该采用不同的评价方法。

从以上内容可以看出，体育学科基准对学习模式和教学方法的规定比较详细，而对教学评估规定比较粗略，其目的仅仅是为院校提供指导，而每所院校应根据专业类型、课程类别、师资、教学条件等情况制定切实可行的教、学和评估方法。同时，体育学科基准规定高等院校应该提供给学生详细的专业学习计划，并确保学生清楚地了解可能获得的学习成果、采用的教学方法和评价方法。

二、体育学科基准的特点

（一）受众的多元性

体育学科基准的受众范围广，学生、用人单位、体育院校、评估机构、资金提供者等都是其适用主体。学生可以从中了解到相关的课程设置、教学方法、评价方式、预期的学习结果和未来的就业领域等信息；用人单位可从中了解到所雇用和招聘的毕业生具备哪些知识和技能；高等体育院校可以依照学科基准的框架体系制定自身的专业教育质量标准，并为院校管理人员和教师在专业课程设置、教学策略和评估方法等方面提供全面而详细的参考；学科基准是一个全国性的专业标准，为外部评估人员、考官和同行审议人员考察体育院校的专业教育质量提供了参考；最后，只有按照体育学科基准的要求通过评估之后，开设体育专业的高等院校才有权向英国高等教育拨款委员会申请发展基金，以资助学科专业的建设和发展。可见，体育学科基准的受众覆盖了高等体育专业教育的所有利益相关者，这种多元性的受众正是非政府主导的高等教育质量评估和保障的特点之一。

（二）内容的全面性

作为体育专业教育标准的指导性文件，体育学科基准包含的内容全面且具体。从核心内容上看，包括专业性质、知识范围和课程体系、通识教育标准、专业教育标准、专业类别标准、教学方法、评估方式等与体育专业人才培养相关的所有内容。体育学科基准提供的内容越全面，越有利于各个院校据此制定本身的专业规范，也保证了不同院校能够在相同水平上培养学生。从学科基准制定的教育标准体系中我们可以看出，其包含的内容十分宽泛，既有通识教育的标准，如批判性思维能力、独立工作能力、科研能力、沟通交流能力、自我发展能力等；又有专业教育标准，如运动生理生化、运动技术、健康与疾病控制、体育文化、体育管理等方面的知识和技能，又根据英国的学科特点制定了"管理""科学"和"研究"3个专业类别标准。其内容体系完全摆脱了以运动技能为主的培养模式，有利于培养学生完整的知识结构，形成良好的职业精神、专业责任感、独立思维和创新能力。

（三）指标的可操作性

体育学科基准所列出的指标体系具有很强的可操作性。无论是通识教育标准还是专业教育标准，对每一个维度的内容进一步细化，表述也相当详细，如对与健康和疾病管理相关的锻炼活动维度上，不仅列出了应该开设运动营养学、运动损伤、锻炼心理学、特殊体育4门课程，而且还列出了毕业生应该具备的基本技能：①熟悉政府的疾病预防政策，了解疾病预防与运动锻炼的关系；②通过锻炼监测健康并给出恰当的干预措施；③监测健康水平，并给出相应地运动干预措施；④具有健康安全意识、行业道德、开设运动处方、根据不同人群进行差异化教育、提升国民素质的健康等多种技能。每一名学生都可以按照此标准找出自己的缺点与不足，并结合参考学习方式加以弥补。教师也可参照标准提供相应的教学内容、教学方式，并对学习成果进行评价，从而极大提高了标准指标体系的可操作性。

（四）人才培养的针对性

综观英国体育学科基准的制定过程和内容体系，始终坚持"实用性"的发展理念，在专业标准的设置上，根据不同的体育专业名称，具体分为"管理""科学"和"研究"三个类型，这反映出了契合社会需求的特点，并做到了标准设定的精确化和培养方向的针对性。同时，体育学科基准规定，开设体育专业的高校在提供通识教育知识的基础上，可根据专业类别和专业需求从五个知识范围内选择其中两个或多个维度，这样即保证了学生基本知识和技能的掌握，同时又鼓励高校以社会需求为导向开设专业。并且，在人才培养的过程中，始终把行业实习和以工作为导向的学习作为重要的教学方式，保证了毕业生具有可预期的就业机会，凸显了人才培养的针对性。

（五）标准的指导性

体育学科基准从学科层面出发，为专业教育评估提供了一套完整的权威理论依据，其中的学习结果更是为评估者提供了明确的评判标准，因此具有较强的指导性。同时，高等教育质量保障署在对高等院校进行审查时，并不是将高校的教学情况与体育学科基准进行一一对照，而是主要考察高等教育机构是否考虑了体育学科基准的要求，是否采取了相应的措施以达到学科基准的规定，因此，体育学科基准并不具有强制性。实际上英国的高等教育机构有很大的办学自主权，其内部质量保障主要由大学负责，大学根据学科基准的基本要求，并参考自身专业的实际情况，制定符合自身特色的专业规范，并按照这个专业规范进行自我质量保障。而且，体育学科基准侧重于定性描述，并没有定量要求学生必须达到相应的指标，体育院校可根据学科基准的要求和自身特色做出相应调节，这都体现出了体育学科基准的指导性原则。

三、体育运动科学专业标准

体育运动科学专业是英国体育类专业之一，随着民众对自身健康的重视，越来越多的学生选择体育运动科学作为自己的终身职业，越来越多的高校开设了体育运动科学本科专业。为了保障体育运动科学专业教育质量，英国体育运动科学协会颁布了认证标准，即本科专业认证计划。

（一）标准的框架结构

体育运动科学协会自2005年以来就开始实施本科专业认证，本科专业认证计划是英国所有体育运动科学类本科专业的公认标准。高等教育机构只要满足了这些标准，体育运动科学协会就可授予其认证资质，认证标准涵盖了体育运动科学领域必要的知识和技能，以及获得职业发展所需要的专业能力。高等教育机构每年有3个认证申请提交时间，分别为1月6日、5月6日以及9月6日。提交认证申请表的同时必须提供相关的支持性证明文档，如专业简介、教学单元说明、实验室手册等，体育运动科学专业认证标准的内容如表3-6所示。

表3-6 英国体育运动科学专业认证标准

维度	标准	指标
科学知识	采用合适的教学与评估策略，促进学生掌握学科知识	阐述专业科学知识培养的一般策略，并协调安排各个教学单元顺序、教学方法、学习评估、班级规模和学生参与度
	理解运动生理学知识	人体结构与功能；饮食和营养；环境；能量代谢系统；健身组成、训练原则和适应（结构和功能）；疲劳、恢复和过度训练；成长、发育和老化；运动与健康（适应性身体活动、肌肉骨骼、心肺及神经系统疾病）
	理解运动心理学知识	体育运动心理学的哲学基础；压力、焦虑与兴奋的关系；动机、自信和自我效能；认知与运动行为；领导力、团队动力和凝聚力；个体差异；态度、信念和行为模式的变化；运动与心理健康（积极的和消极的）；
	理解运动生物力学知识	人体水平和旋转（运动解剖学分析）；线性动力学和角运动力学；线性运动学和角运动学；步态和姿势控制；流体动力学和弹跳运动；功率、力量和能量；运动定性分析；运动技能学习

(续表)

维度	标准	指标
专业技能	运动生理学专业技能的培养与应用	阐述生理学专业技能培养的一般策略，合理安排教学单元、教学方法、学习评估、班级规模和学生参与度；心血管功能；呼吸功能；次最大和最大强调运动测试；肌肉力量、速度、爆发力、耐力和反复冲刺跑能力；基础代谢率、能量摄入、能量消耗和能量平衡；自感用力度和感知努力；血液、唾液、汗液和尿液的采样和处理；人体测量学和身体成分；体温测量
专业技能	运动心理学专业技能的培养与应用	阐述心理学专业技能培养的一般策略，合理安排教学单元、教学方法、学习评估、班级规模和学生参与度；需求分析、干预设计与评估；意向；目标设定；运动员健康和心理健康；压力管理、焦虑减轻和应对；行为改变；团队建设和领导力培养；动机提升；信心培养
专业技能	运动生物力学专业技能的培养与应用	阐述生物力学专业技能培养的一般策略，协调安排教学单元的顺序、教学方法、学习评估、班级规模和学生参与度；动力学测量技术；运动力学测量技术；肌肉活动评估技术；灵活性/动作幅度；平衡；肌肉力量、爆发力；身体活动监测；运动效能分析
跨学科知识与技能	能够在跨学科环境中应用相关知识和技能	整合提升运动表现的变量；整合提升运动和健康状况的变量；照顾特殊人群；考虑与健康、疾病、机能失调、功能障碍和康复相关的环境和职业因素；开展跨学科项目
科学研究	理解科研原理，阐释并应用研究结果	科学研究的价值、原则及其应用；适当的科研伦理及科研培训；多种定量和定性研究方法；数据分析和可视化技术；循症实践与评估；开展科研项目
职业发展	反思专业教学、职业发展和人际关系	了解相关职业机构；职业行为；保障、福利和弱势群体；有效干预的设计、提供和评价；人际沟通技能培养；反思性实践：从业人员/应用性课题

（续表）

维度	标准	指标
就业准备	为体育运动科学专业学生的就业做好准备	合理安排教学实习；职业发展与职业规划；雇主参与课程教学设计；了解商业/企业环境和就业机会；全球化意识（体育相关）；工作本位的项目
教师资质	具备教师资格证及相关技术能力	获得BASES认证的人员名单；获得其他机构认证的人员名单

由表3-6可知，英国体育运动科学专业认证标准由7个维度、12条标准和78条具体指标构成，7个维度包括：科学知识，学生理解体育运动科学的核心知识体系；专业技能，学生掌握并能够应用与体育运动科学相关的专业实践技能；跨学科知识与技能，学生能够在体育竞赛、运动健康和职业场所中应用跨学科知识和专业技能；科学研究，对学生进行科研训练，学生能够解释并运用科研方法和结果；职业发展，培养学生对教学、职业发展和人际关系的反思能力；就业准备，证明毕业生已经做好了就业准备，包括基于工作或与工作相关的学习和职业规划；教师资质，证明教师的职业认证资格、教师和技术人员的隶属关系。从维度和指标的数量来看，学科知识和专业技能是认证标准的主要部分，这两个维度分别有23条和29条指标要求，占据所有指标要求的29.5%和37.2%；指标是专业认证的具体要求，教育机构在提交认证申请表时，需要按照指标逐条说明自己满足了认证要求。

为了获得体育运动科学协会的认证，教育机构必须证明自身的学位课程达到了认证标准的具体要求，同时，除以上标准指标的要求外，教育机构还可以提供更加详细的、支持性的说明材料。认证办公室将根据每条标准的具体要求逐一对达成情况进行评判，评判分为3个等级，即"达成""部分达成"和"未达成"，并且针对每一条指标，认证办公室会给出详细的评审反馈意见。

（二）体育运动科学专业标准的特点

1. 重视学生体育学科基础知识的掌握

英国体育运动科学专业认证标准将毕业生的学科专业知识置于非常重要的地位，科学知识作为认证标准的7个维度之一，其内容包括了知识教学与评估、运动生理学知识、运动心理学知识和运动生物力学知识，其中教学与评估是对教育机构学科知识教学过程的一般要求，包括单元教学的安排、教学方法、班级规模和学生参与度等内容；3个子学科的知识以模块的形式详细列出，每个子学科包括6~8个模块，如运动生理学知识包括人体结构与功能；饮食结构与营养；环境影响；能量系统和代谢；健身组成、训练原则和训练适应；疲劳、恢复和过度训练；成长、发育和老化；运动与健康（如适应性身体活动、肌肉骨骼、心肺及神经系统疾病）。这些内容都与人体运动紧密相关，而且，教育机构在填写认证申请表时，需简要说明学生掌握这些知识的方式和过程，并提供相关证明材料，可见英国体育运动科学协会非常重视学生专业知识的掌握。

2. 重视学生专业实践技能的掌握

体育运动科学是一个实践性学科，因此，体育运动科学协会在强调学生掌握学科基础知识的同时，特别重视毕业生专业实践能力的培养。认证标准专门将专业实践能力作为其维度之一，分别从3个子学科阐述学生应该掌握的实践技能，例如运动心理学专业技能的培养与应用包括以下技能：阐述心理学专业技能培养的一般策略，合理安排单元教学、教学方法、学习评估、班级规模和学生参与度；需求分析、干预设计与评估；意向；目标设定；运动员身心健康；压力管理、焦虑减轻和应对；行为改变；团队建设和领导力培养；动机提升；信心培养。这些实践技能具有实用性特征，学生掌握这些技能之后能够到医院、体育俱乐部、高等院校、体育培训机构和私人健身俱乐部从事基础性工作，为学生将来的就业打下良好基础。

3. 强调教育机构的主体职责

英国体育运动科学专业标准特别强调教育机构的职责，相对于体育运动科学协会来说，教育机构承担主要的举证责任。与美国、澳大利亚等国家体育专业认证标准强调毕业生核心能力不同，英国体育科学运动专业标准主要是对教育机构职责的描述，即在每一个维度及指标和要求上，明确要求教育机构详细阐述自身是如何达到标准要求的，并举证表明。教育机构在填写认证申请表格时，主要完成两项工作：一是简要说明教育机构开设的课程如何满足申请表中每个特定标准指标的要求，着重阐述课程如何为学生提供各种机会，以培养他们必需的知识、技能和职业发展能力；二是为评估人员提供有关教学单元内容、学习结果、实验室操作和教学策略等详细的信息，并将其作为支持性材料。对于申请表认证标准中的每个要素，教育机构都需要参考适当的支持性文档，包括专业说明、教学单元指南、实验室手册、学生手册等。由此可见，英国体育运动科学专业认证工作主要由教育机构承担。

第四节 英国体育专业认证运行机制

英国体育专业认证体系具有分散性特点，高等教育质量保障署从宏观角度颁发体育学科基准，以规范体育学学士学位教育质量。除此之外，体育运动科学类专业和体育教师教育类专业分属不同的机构管辖，不同专业的认证运行机制各不相同，本文以体育教师教育专业为例，具体阐明英国体育专业认证运行机制。2017年2月，英国国家教学与领导学院颁布了《职前教师教育认证提交协议》，该文件具体规定了体育教师教育专业在内的所有师范类专业的认证操作流程。

一、体育教师教育专业认证流程

（一）认证流程框架

一旦获得教育部的批准，国家教学与领导学院将根据《2003教育法案》对体育教师教育机构进行认证，以确保教育机构达到合格要求。为了获得认证，新的教师教育机构必须向教育部表明自身已经满足了教育标准办公室的各项要求，同时达到了职前教师培训的标准，而且所有经过认证的体育教师教育机构必须持续符合这些标准。正式开始认证之前，体育教师教育机构会对当地体育教师的需求、同行机构进行充分研究，并适当考虑体育教师的培养模式和就业途径，正式认证流程的框架，如表3-7所示。

表3-7 英国体育教师教育专业认证流程框架

认证流程	具体内容
1.认证申请表的提交	①认证申请表提交流程　②认证申请表提交要求
2.自评报告的提交	①认证理由　②合作关系 ③专业信息　④机构信息
3.认证评估过程	①招聘与选拔　②合作关系 ③学科课程　④学员评估 ⑤质量保障　⑥财务管理

（二）认证流程的内容安排

英国体育教师教育专业的认证过程必须先由培养单位向教育部提出申请，并经教育部评估结果为"良好"等级及以上时，教育部再指派国家教学与领导学院组建认证小组对培养进行认证，培养单位在认证过程中有拒绝认证和随时退出认证的权利。

1.提交认证申请表

提交认证申请表即表明参加专业认证的意愿，撰写和提交认证申请表是高校与教育部相互了解的过程，一方面，高校在这一过程中可以了解自身的优势、劣势，以及在同行竞争中所处的地位，了解认证过程需要提交的证据和材料，尽可能减少由于程序问题导致认证失败的可能；另一方面，教育部可以了解该专业参与认证的意愿。认证申请表及方案包括以下6个方面的内容：①体育教师教育机构负责人参与教育部组织的认证介绍会，提交认证申请方案，并及时通知教育部；②提交认证申请材料；③教育部认证绩效委员会详细审核认证申请材料，并向培养单位提供反馈意见；④培养单位根据标准自审认证材料和证据；⑤教育部严格按照评估标准审核认证材料，并可能要求培养单位重新提交一份包括额外认证材料的方案，在审核材料的基础上，教育部认证小组将向认证绩效委员会提出认证建议；⑥认证绩效委员会向教育部长提议通过认证申请。在认证申请表提交过程中，教育部有权拒绝认证申请单位的认证，同时有权终止认证申请过程。

此外，英国教育部对认证申请表的格式作了严格规定，提交的认证申请表及证据材料必须达到以下要求：①标识页码；②原始材料；③校对拼写、标点符号和语法；④仅提供与标准相关的信息和材料；⑤使用正确和最新的术语；⑥不使用附录和附件，但需明确指出参考路径；⑦具有前瞻性，并且与新提出的认证条款存在潜在相关，而非目前学校或教学学校联盟的活动；⑧以电子版的形式发送到教育部邮箱。

2. 提交自评报告

认证申请表提交并受理之后，体育教师培养机构需及时将自评报告提交给教育部，自评报告的具体内容包含认证申请理由、合作伙伴关系、专业信息、教育机构信息4个方面，具体内容如下所示：①认证申请理由，即展示出寻求专业认证的具体原因，包括：愿景和使命宣言；可信任的长期拨款计划；基于市场竞争的自身定位，新体育教师专业人才供给证据；扩充专业师资的方式；区域内就业市场需求及竞争分析；财政拨款与学校发展需求分析；详细可行的经费分配信息及其支出途径；②合作机构关系，职前体育教师合作培养机构的名称、地址、办学业绩和机构类型，包括合作机构在职前教师培训方面的经验及其与教育机构合作的原因；合作机构毕业生的就业率、就业质量和返聘率等信息的统计数据；合作机构在培训课程方面的质量，以及提高职前教师培训质量的能力和可持续性；③专业信息，即学科专业领域信息、课程名称与数目、学费资助、毕业生薪水等信息，并以表格的形式详细说明，必须保障后续的教学内容和方法与认证时相一致，学生必须到认证合格的学校实习；④机构信息，认证申请机构的名称和类型，拟定开设的专业名称和招生年份等。

3. 认证过程及内容

英国体育教师教育专业认证过程需要提交相关材料，并且需要满足评估标准，教师培养机构需要将以下6个方面的材料（表3-8）分别以电子表格的形式提交给国家教学与领导学院，工作人员收到材料后会与认证申请机构取得联系，并针对每个部分的认证依据和材料提出具体建议，以协助教师培养机构搜集和整理认证申请材料。

表3-8 英国体育教师教育专业认证流程及其要求

维度	指标	要求
1. 招聘选拔	（1）招生政策及措施的描述	①专业宣传方式；②宣传负责人；③专业宣传的时间安排；④已有的宣传策略如何确保招到优质生源；⑤确保能够从潜在的实习教师中招到优质生源
	（2）招生程序的制定，招生程序符合ITT的准入标准	①参考《职前教师培训标准支持建议》，以获取准入标准的详细内容；②证明新生符合职前教师培训标准的以下内容：英语和数学成绩达到GCSE的C级标准；获得英国高校的第一或同等学历；必须经过严格审查挑选过程，以确定适合教学工作；正式入职之前需通过专业技能测试；③确定新生招录过程的每一个步骤；④确保新生符合准入标准的条件，保存记录；⑤招生要求
2. 合作机构关系	（1）合作关系的管理和运作结构，拟定合作条款的负责人以及合作的具体内容	①合作管理框架结构图，机构负责人和财务总管应处于架构顶端，明确其责任范围；②提供一份展示其操作结构的详细图表；③图表中包含所有合作伙伴以及参与拟定协议的委员、团队成员和个人；④提供上述委员会及其所有成员的职责权利细节；⑤个人角色描述应纳入到"（2）条款相关成员的角色作用描述"中，合作伙伴的角色及其职责应纳入到"（3）合作机构的角色、合作协议、解除合作关系的标准"中
	（2）条款相关成员的角色作用描述	详细描述管理运作结构中每个人的角色任务（例如财务主管、合作主管、学校导师、专业导师、外部财务审计主管）

(续表)

维度	指标	要求
2. 合作机构关系	（3）合作机构的角色、合作协议、解除合作关系的标准	①明确经认证合格的教师教育机构、合作学校、高等院校和合作伙伴的角色和职责；②根据《职前教师培训标准支持建议》的要求，合作双方签订正式协议，明确规定各自的职责和任务；确保学校在招聘、选择、培训和评估实习教师方面发挥主导作用；③当合作伙伴不能满足合作协议条款时，明确解除合作关系的步骤，可附上合作协议和主要合作文件，以供交叉参考
	（4）合作伙伴的参与分工协定	①明确合作学校和机构在合作过程中的参与程度；②提高支撑材料，表明拟合作伙伴有意愿参与合作，例如合作伙伴出席会议的记录，以及明确其参与合作的邮件和其他通信方式
	（5）人员审计规划，人员培训方案	①审计和培训方案应反映出"（2）条款相关成员的角色作用描述"中所有类别工作人员的需求；②制定审计和培训时间表
	（6）学员住宿、设备和资源信息	①合作伙伴可提供的设备和资源；②学员使用教育机构及其合作伙伴的图书馆和其他设施资源情况；③上述内容在合作协议中的具体条款规定
3. 学科课程	（1）专业不同要素的组合方式及专业范围	①提供了一份展示专业范围的详细专业结构表；②提供支撑材料，表明该专业体现了专业要素的核心凝聚力，如专业手册
	（2）展示出如何优先解决国家事项	①专业培训确保贯彻国家优先事项；②详细列出在严峻的社会经济环境下，学员进校培训的时机
	（3）学员满足QTS标准的证明材料	对照参考专业标准，包括与学员个人及职业行为相关的标准

（续表）

维度	指标	要求
3. 学科课程	（4）展示专业如何达到ITT培训标准	①提供明确证据，以表明该专业达到了ITT的以下标准要求；课培训程内容结构和教学评估的设计要达到QTS的要求；学生准备在以下阶段从事教学工作：3~11岁（小学）、7~14岁（初中）或15~19岁（高中）；培训时间要求：4年制本科课程160天、3年制本科课程120天、研究生课程120天；职前老师需在两所以上的学校见习；②参考《ITT标准支持建议》，以获得培训标准的详细信息
	（5）提供每个学科专题培训的概述和结构	①确保每个科目的培训计划覆盖学生的所有课程；②列出担任学科专任教师的专家；③列出所有教学资源；④学员访问学科协会及其资源的途径
4. 学员评估	（1）展示评估和修正学员的进步	①记录学员进步的证据；②列出这些证明材料的用途；③评估学员进步的责任人、时间、方式、改进措施
	（2）学员申诉流程和详细信息	①学生申诉的对应条款和领域；②负责学生申诉的负责人；③负责奖学金申请的责任人和流程
5. 质量保障	（1）质量保障负责人	说明个人在质量保障中的角色和职责
	（2）课程学习对学员的影响，课程教学监控与教学质量改进	①通过质量保障促进教学质量的不断改进的措施；②教学质量改进的证据及证据搜集时间和对象；③检查证据负责人及后续采取的措施；④质量保障过程中信息反馈的方式；⑤借鉴其他机构的做法，优化自身质量保障措施，如何使用NCTL的文件和调查数据；⑥参考：教育标准办公室颁布的职前教师教育手册、《职前教师培训标准支持建议》和《职前教师培训有效提升规划》
	（3）搜集毕业生信息，提高培训质量	①及时跟踪在合作机构之外单位就业学生的业绩；②从学生就业学校获得毕业生信息的方式和责任人；③使用这些证据提升教学质量措施

（续表）

维度	指标	要求
6.财务管理	（1）两年内的财务账目和审计报告	①审计机构对教师培训机构的治理和内部控制负责，并且将监控公共预算资金的使用；②审计机构将负责制定教师培训机构的年度账目
	（2）未来3年的财务计划	①每年的预计收益表和现金流量表；②财务和收入来源；③成本明细表，包括固定成本、可变成本、半变动成本和阶段固定成本，以及不同类别成本与学员数量的关系；④每月的成本和利润明细表；⑤实现既有承诺的时间和方式；⑥收回组织欠款的时间和方式；⑦计划资金的支出，包括投资描述、投资目的、价格和购买时间；⑧财务数字背后的假设和详细描述
	（3）过去两年财务摘要、未来两年财务预测、年底余额	年度财务报告符合财务报表的审计规范和要求，并展示过去两年中教育机构的财务数字，并提供未来3年最佳和最坏情况下的资金预算
	（4）财务管理的结构与责任	提供财务管理组织结构图，确保明确的职责界限，包括所有财务人员的职责说明和个人素质
	（5）财务主管的义务与要求	提供财务主管的全部细节，包括姓名、职称、工作描述和个人素质
	（6）财务系统的控制、运作和维护	①将体育教师教育机构的财务记录与认证机构的财务记录分开；②风险管理和业务连续性；③库存和资产管理，包括适当维护和登记；④管理奖项，特惠款项和利益冲突；⑤货物和服务采购（包括确保物有所值的措施），收货和支付债权人；⑥收入信息，包括赠款和销售及其发票；⑦薪资管理制度；⑧按照有关会计政策或标准对所有金融交易进行财务处理，并采用适当的会计制度和保障措施；⑨对采购、签收流程、发票、付款、支票授权、工资单会计制度的分离职责规定；⑩数据保护，即系统和信息管理安全；⑪预算和管理报告；⑫编制年度法定账目；⑬任何其他暴露于财务/或与欺诈相关的风险管理制度

注：ITT：职前教师培训；QTS：教师资格证。

二、职前体育教师教育专业认证流程的特点

（一）认证过程受到国家政治理念的影响

不同的认证主体决定了认证工作的导向与理念，与美国体育专业认证理念不同，英国体育教师教育认证更倾向于国家质量保障，因此，在认证结构和认证人员组成上也倾向于国家意志，如2017年2月对体育教师教育专业认证标准及其认证工作安排中，由教育部大臣委派认证工作人员；同时，教育标准办公室对教师教育机构的评估中，要求评估小组成员直接受雇于"教育标准办公室原女皇督学团成员""教育标准办公室指导评估服务机构人员"以及"在教育标准办公室工作的一线工作者"。这种要求明显表现出政府力量的主导。此外，《职前教师培训评估手册》中也提出，"评估是指向国家治理的评估"。由此可见，英国体育教师教育专业认证过程明显受到国家政治理念的影响。

（二）凸显证据本位理念

证据本位的认证是国际通行的认证理念，已经建立专业认证制度的国家，均重视基于证据的认证内容和认证办法。但在如何分配描述性证据和数据性证据方面，各个国家在认证实践中各有侧重。从英国体育教师教育专业认证流程和内容来看，其既有描述性证据，又有数据性证据，如招生政策与策略的描述、招生程序的制定，以及专业要素组合的展示、国家事项优先解决的展示、培训标准达标的展示等，这些标准都要求描述性证据的支撑。此外，在合作机构关系和财务管理这两个维度上，更多的需要数据性证据的支撑，提供的数据包括合作机构的各种协议、合作会议的记录、资源使用的分工协议、财务报表、年度账目等。因此，证据本位的认证理念强调"一手资料"的获取，即通过一手资料的展示，表明体育教师教育机构达成了认证标准的要求。

（三）重视质量保障体系的构建

专业认证旨在提高体育教师培养质量，并根据认证结果提出改进意见。随着英国教师教育政策、教师教育培养方式的变革，政府对体育教师培养质量的认识也在发生变化。2017年国家教学与领导学院年度报告对职前教师教育的评估显示，中学教育专业的研究生新生人数有所减少，同时小学教育专业新生也较之前有所减少，未能达到预期数量。且随着经济的回暖、中小学学生数量的增多以及青少年体质的持续下降，中小学校对体育教师的需求依然存在缺口。因此，在保障教师培养质量的同时，如何吸引大学生从事体育教师职业是当前英国政府面临的主要问题。2017年国家教学与领导学院年度报告中提出的对策包括资金支持、风险管理及加强监管等，同时，在认证过程中将"招聘选拔""质量保障""财务管理"等内容作为其主要维度指标，旨在从外部加强对教师教育机构的支持，以吸引更多学生成为师范生。

第五节　英国体育专业认证体系的特点与启示

一、英国体育专业认证体系的特点

（一）分立的专业认证机构

英国高等教育质量管理制度在学校自治、国家干预和市场调节等诸多力量之间保持平衡。长期以来，英国的高等教育作为一种准公共产品由政府垄断，市场力量和社会力量很难介入。高等教育质量保障署代表政府立场，采用立法、拨款、评估等措施行使高等教育质量管理职责，通过颁布体育《学科基准声明》和《专业规范》等具体措施实现对高等体育学士学位的宏观管理。随着英国政府对高等教育拨款的减少和高等教育治理理论的变革，英国高等教育质量保障权利逐渐发生变化，在原来的高等教育质量保障署的基础上成立了多种认证机构，国家教学与领导学院负责包括体育教师教育专业在内所有师范类专业的认证工作，体育运动科学协会负责体育科学类专业认证，体育运动科学协会的独特之处在于，它也是一个独立的第三方认证机构，而且是一个经注册的有限公司，其开展认证工作会收取一定费用。由此，英国构建了多层次、多类型的体育专业认证体系。

（二）认证标准的层次性

英国分立的体育专业认证机构，决定了体育专业认证标准的多层次性特征。从宏观上来说，体育《学科基准声明》是针对英国所有体育类专业学位的通用要求，它从学科的角度描述了专业领域内取得学位的标准，阐明了英国体育专业的学术标准和特征，为英国高等教育机构提供了一致的、整体性的教育质量保障规则。所有开设体育类专业的高等教育机构都必须遵守其要求，在专业设置、课程规划、知识范围、教学方法、学习成果评估等方面依其标准实施。从微观角度来看，国家教学与领导学院和体育运动科学协会所颁布的标准，分别针对体育教师教育和体育运动科学这两个专业，不同专业具有符合自身规律的课程设置、教学要求，具体专业标准的制定更符合专业自身发展规律和社会对专业人才的需求，对于专门人才的培养更具有针对性。由此可见，英国政府从宏观和微观两个层次颁布体育专业认证标准，立体式保障体育专业教育质量。

（三）发挥高校的认证主体作用

英国的高等教育认证制度是在政府机构、高等院校、专业协会和独立公共机构的互动中形成的，英国高等院校具有悠久的自治传统，在高等教育认证体系中具有很大的自治权利，英国的高等院校不是国家所有，他们是独立机构（非私立院校），但是大部分高校在相当大的程度上由公共拨款维持运行。英国高等教育的这一特点，决定了高校在体育专业认证过程中的主体地位。无论是高等教育质量保障署的高校审计，还是国家教学与领导学院、体育运动科学协会的专业认证，都是以考察高校自身作为质量保障的主要责任者，高校提供有效、可信和最新的材料证据、课程计划、财务账目等信息，让认证机构、公众等利益相关者了解其颁发文凭的学术标准，以及其所提供的教育服务质量，并证明自身达到了认证质量标准要求。认证机构并不会直接去评价体育专业教育机构的教学质量，而是审计高校内部教育质量保障能力，考察高校是否为构建完善的教育质量保障体系而采取了有效措施，充分发挥高校的举证职责，凸显高校在认证过程中的主体作用。

（四）重视学生实践能力的培养

在实践中运用和巩固所学知识，是英国高等体育人才培养的不懈追求，这突出表现在体育专业认证标准对教育实践的规定上，如体育《学科基准声明》要求体育类专业教育机构提供多样的教与学的方式及其评价方法，学生可以采用全职学习、兼职学习、三明治课程学习、远程学习等模式，尤其把行业实习和以工作为导向的学习视为教学的重要组成部分。提供的教学方法有讲座、专题讨论会、集体和个别辅导、实验室实习、现场演示、案例研究、实地考察、行业实习、团队工作、独立学习与研究、技能提升及混合式学习等。此外，英国体育教师培养机构积极探索以高校和中小学伙伴合作为主要特征的职前体育教师教育实践模式。以学校为基地，建立高校与中小学的"伙伴关系"，达成了良好的"校地合作""校校合作"培养模式，为师范生提供了充足的职前实践经验，促进了其在教育实践、教学技能等方面的发展。英国体育运动科学协会更是将专业技能和就业准备作为专业认证标准的两个维度。为此，各大学千方百计与相关社会机构和团体、学校、俱乐部、公司和企业建立密切联系，而且每年不断更新和扩大雇主的信息数据库，为学生创造实习和实践机会，促使学生在实践中增长才干，同时也鼓励学生进行真实的创业实践，如谢菲尔德哈勒姆大学体育本科专业的最后一年，学生参与"商业化教练"项目，要求学生合作注册一家公司，制定公司的各种组织架构、规章，进行人事分工，制定商业运作计划，对外部客户推广和实施体育服务。通过实践运作强化学生的实践能力。

二、对我国体育专业认证体系构建的启示

（一）构建分工协作的认证机构

20世纪初英国就开始了高等教育的现代化治理改革，政府在高等教育部门中引入市场机制，构建了高等教育市场化框架，通过权力关系的调整和资源流动机制的重建，建立了政府掌舵、市场运行、社会参与的高等教育治理体系。在高等体育专业领域，首先由高等教育质量保障署以法规的形式颁发体育《学科基准声明》，代表政府从宏观角度对体育学科专业设置、知识体系、课程规划和教学方法等内容进行限定。在此基础上，成立国家教学和领导学院、体育运动科学协会两个社会中介性质的认证机构，在家长、学生、用人单位等利益相关者的监督下，两个机构分别负责体育教师教育和体育运动科学类专业认证工作。由此形成了政府、市场、社会3种力量相结合的认证体系。在高等教育市场化、普及化发展背景下，我国也开始了高等教育的现代化治理改革。结合我国国情，体育专业认证机构的建立可参考英国模式，即由教育部从宏观角度出台体育类专业认证法规、颁布认证标准，体育教育专业仍然按照目前模式参与师范类专业认证，其他体育类专业成立专门的认证机构，其性质隶属于教育部高等教育教学评估中心，并接受其业务指导。成立体育类专业认证专家库，专家库成员可包括"教指委"体育学专家、一线体育专业教师、体育行业人员、认证专家等，由专家组成的体育专业认证机构负责体育学类本科专业的具体认证工作。

（二）树立以学生为中心的服务意识

在市场化改革治理背景下，英国高等教育始终将学生的利益放在首要地位，明确表示满足和适应学生的需要。首先，保障学生的权益，高等教育质量保障署在进行学科专业审核时，如果学生对教育质量感到不满意，可以在高校内部进行申诉，也可以到高等教育独立申诉办公室启动外部申诉程序，这体现

出了对学生权益的保护意识。

其次,始终关注学生的就业问题。如学科基准中提到了要考虑体育行业快速发展的动态,用人单位更加重视大学生知识和技能的转化能力,设置的课程要为毕业生将来的就业做好准备。而且通过行业实习、企业参观、与实践人员的交往和沟通、参与实习单位的科研项目等方式提高学生实践能力。体育运动科学协会将职业发展和就业准备作为认证标准的两个维度,要求学生了解职业机构、职业行为,具备人际沟通能力和反思性实践能力;同时要求培养单位为体育大学生的就业做好准备,包括设计基于工作的学习安排,用人单位参与课程教学设计、了解企业环境等内容。而我国体育专业教育质量保障活动,普遍缺乏以学生为主的服务意识,学生始终处于被动的地位,主动参与度较低,相对缺乏针对教学质量进行申诉的途径和机会。此外,体育学类专业评估的指标也主要是对师资、课程和教学条件的规定,并没有体现出以社会需求和学生就业为导向的质量准则。因此,应该借鉴英国体育专业认证经验,在我国体育专业认证标准实施过程中体现出以学生为主的思想,引导体育院系重视学生本身,从而培养出社会需要的体育专业人才。

(三)强化学生实践能力的培养

体育学是一门实践性较强的学科,体育专业人才培养的特色不仅表现在掌握扎实的基础理论知识,还表现在内化基础学科知识之后的实践技能提高。不论是将教师的专业素质融合在教学行为中,还是人体运动过程中的心理控制、生理生化指标检测,或是体育管理实践经验的积累,这些实践能力都需要通过制度安排来得以实现和提高。英国体育专业认证体系特别重视学生实践能力的培养,在不同层次、不同专业的认证制度安排中都突出实践能力培养的重要性。体育学科基准中,无论是通识教育标准还是专业教育标准,对每一个维度的内容都是对学生实践操作能力的具体要求;为了强化体育师范生的教学实践能力,国家教学与领导学院要求认证申请机构必须与中小学校签署合作协议,充分发挥中小学在教师培养中的作用,加强学生实践能力培养;体育运动科学协会单独将专业技能作为认证标准的维度之一,强化学生运动生理学、运动生物力学和运动心理学实践技能的掌握。长期以来,我国体育专业人才培养重视理论课程的设置，而忽视学生实践能力的培养。鉴于此，2012年教育部颁发《关于进一步加强高校实践育人工作的若干意见》，明确指出："实践教学是学校教学工作的重要组成部分，是深化课堂教学的重要环节，是学生获取、掌握知识的重要途径。各高校要结合专业特点和人才培养要求，分类制订实践教学标准，增加实践教学比重，……要全面落实本科专业类教学质量国家标准对实践教学的基本要求，加强实践教学管理，提高实验、实习、实践和毕业设计（论文）质量。"因此，在构建我国体育专业认证体系中，应该将实践教育作为认证标准的重点内容，以弥补我国体育专业人才培养过程中的缺陷。

第四章
澳大利亚体育专业认证体系

澳大利亚是教育发达国家之一，也是世界上高等教育普及化与国际化发展程度最高的国家之一。为了解决高等教育规模和质量保障之间的矛盾，澳大利亚已经建立了一个较为完善的教育质量保障体系。该体系由联邦政府、州政府、大学、社会专业机构和质量保障机构5个主体构成，五位一体的保障体系中各主体各司其职，形成了有效的教育质量保障机制，其中认证机构是教育质量保障体系的重要组成部分。澳大利亚高等教育认证体系由两部分组成：一是高等教育质量与标准署（TEQSA）根据学历要求开展的政府认证；二是专业协会基于行业和社会许可实施的协会认证。澳大利亚体育专业认证属于后者，其认证机构分别为澳大利亚体育运动科学协会（ESSA）和澳大利亚教学与校务指导协会（AITSL），前者负责体育科学专业认证，后者负责体育教师教育专业认证。通过这两个协会的认证，澳大利亚高等院校为社会培养了大批高质量的体育专业人才。

第一节 澳大利亚体育专业认证背景

澳大利亚体育专业认证体系的形成和发展，既受到国际高等教育发展的影响，也受到国际环境、高等教育政策和体育专业自身发展需求的影响。

一、国际环境的影响

澳大利亚体育专业认证体系的形成和发展受到了国际政治和经济环境的影响，主要体现在以下两个方面：

首先，随着全球化时代的到来，澳大利亚政府充分意识到教育已经成为国际竞争和国家影响力的关键影响因素，而教育水平的高低在很大程度上依赖于高等教育质量保障体系的构建。为了扩大国际影响力，促进澳大利亚高等教育事业的国际合作与交流，更好地争夺海外留学生，保持高水平的高等教育，建立一个完善、透明的高等教育质量保障体系就显得至关重要。而专业认证作为高等教育质量保障体系的重要组成部分，也就成为了澳大利亚高等体育专业教育质量保障的重要形式。

其次，随着信息技术的发展，地区性、全国性、世界性网络开始形成，这使得国际间、地域间的知识技术交流日益便捷，高等教育市场也呈现出国际一体化的趋势，其表现之一就是国际高等教育质量保障组织的形成和发展，如成立于1991年的"高等教育质量保障机构国际网络"，目前该机构已经有来自世界上80多个国家和地区的173个会员。在国际性组织对高等教育质量保障持续关注的同时，一些国际性的体育专业质量保障组织相继成立，如北美体育管理协会，目前也吸引了包括美国、加拿大、德国、英国、瑞士、日本、韩国等近30多个国家的高等体育管理专业的关注，并参与了该协会的体育管理专业认证。为了实现国内外体育专业教育的交流，澳大利亚积极参与国际体育专业组织，并构建了与世界各国相一致的体育专业认证体系。

二、高等教育政策的影响

为了提升高等教育质量，自20世纪70年代开始，联邦政府要求高等教育机构进行自我评估，鼓励他们进行自我监督。1987年，时任澳大利亚联邦政府教育与培训部长道金斯发布了两个报告：《对高等教育政策的讨论》和《高等教育政策》。《高等教育政策》规定，将1987年之前的大学和高等教育学院整合为30多所高等教育机构，构建了全国统一的高等教育体系，这一举措为以后顺利实施全国性的教育质量保障奠定了基础。

20世纪90年代以来，随着高等教育规模的扩增，教育质量问题成为社会关注的中心，澳大利亚联邦政府也对此问题予以极大重视。1991年澳大利亚联邦政府发布了政府报告《高等教育：九十年代的质量和多样化》，该报告指出拟设立一系列综合性教育质量保障措施，并为政府拨款提供依据。在此报告的倡议下，澳大利亚于1992年11月成立了"高等教育质量保证委员会"，该委员会负责高等教育机构教育质量保障制度的独立审核，并根据审核结果为政府提供经费补贴的建议。1995年澳大利亚联邦政府颁布了"澳大利亚学历资格框架"，该框架主要对非义务教育机构进行认证注册登记，负责所有高等教育机构的认证工作，确保整个高等教育系统的完整性。

进入21世纪，面对日益激烈的世界高等教育市场竞争，澳大利亚联邦政府进一步加强了质量保障机构组织体系建设，2011年7月澳大利亚政府整合了大学质量保障署和各州的认证机构，成立了新的高等教育质量保障机构，即高等教育质量与标准署，以负责监管全国高等教育质量，该机构行使监管职能的法律依据是《高等教育质量与标准署法案》，该法案规定"高等教育标准框架"由四类标准组成，即高等教育注册标准、高等教育分类标准、高等教育课程标准和高等教育学历资格标准。其中，由体育运动科学协会制定的体育专业标准是高等教育分类标准的重要组成部分，该标准为体育类专业毕业生提供了基本知识与技能，只有通过该协会认证的高等体育专业，其毕业生才有资格向其申请相应的职业资格认证。

三、体育专业教育发展需求的影响

澳大利亚是世界高等教育大国，也是高等教育强国和体育强国。澳大利亚的教育质量具有世界一流水准，高校学科专业一般根据个体的需要、能力与兴趣而设，使得每个学生都得以发挥其个人各方面的潜能，并能运用于各行各业中。自20世纪70—80年代开始，澳大利亚高等教育得到了迅猛发展，高等教育进入大众化阶段，大众化带来的规模扩张对包括体育专业在内的高等教育质量产生了极大威胁与挑战。同时，随着澳大利亚国内经济衰退，政府对高校的拨款减少，因此高校提高了学费，在这种背景下，来自政府和学生的压力迫切要求高等教育质量保障体系的完善。

为了更好地应对国内外环境的挑战，提高澳大利亚体育专业教育质量和水平，提升高等体育专业教育的国际认可度和影响力，形成一套全国统一的、公开公正的现代教育质量标准体系，教育专家、体育学者、学校领导、政府官员等不同行业的学者开始研究教育质量监控体系，着手研究制定提升教育质量和效能的标准，这在一定程度上也推动了澳大利亚体育专业认证体系的形成和发展。

第二节 澳大利亚体育专业认证机构

澳大利亚体育本科专业作为高等教育的重要组成部分，其自身的存在和发展必然受到澳大利亚高等教育质量保障机构的制约和规范。目前，澳大利亚高等教育质量外部保障机构主要包括联邦政府、州政府、大学、高等教育质量与标准署以及全国统一的学历资格框架等5个部分。与体育专业认证相关的机构有3个，分别为高等教育质量与标准署、运动与体育科学协会以及教学与校务指导协会，其中高等教育质量与标准署针对澳大利亚所有高等教育机构及大学生制定标准，体育学院、系及体育专业大学生必须符合该机构的标准要求；教学与校务指导协会则针对教师教育专业进行认证，体育教师教育专业需向其进行认证申请；而运动与体育科学协会主要针对体育类专业制定认证标准和指南；此外，学历资格框架为不同阶段的高等教育学历制定国家晋级标准。

一、高等教育质量与标准署

高等教育质量与标准署的前身为澳大利亚高等教育质量保障署，2008年12月澳大利亚政府颁布了《高等教育评估报告》，其中建议国家成立一个更有效、简洁和集成的高等教育管理部门，构建一个可持续和负责任的高等教育系统，并提议成立一个独立的国家监管机构以负责所有类型的高等教育。作为对《高等教育评估报告》的回应，2011年3月，澳大利亚政府颁布了两个法案：《2011年高等教育质量和标准署法案》和《2011年高等教育质量和标准署重要修正与过渡期准则法案》。在这两个法案的支持下，澳大利亚政府于2011年7月成立了高等教育质量与标准署并履行教育质量监管职责。

高等教育质量与标准署替代了原来的澳大利亚高等教育质量保障署，全面负责高等教育质量保障的职责，并扩大了权限。新机构的成立标志着澳大利亚联邦政府已经构成了一个面向现代化的高等教育质量监管体系。高等教育质量与标准署是一个独立的权威机构，负责管理澳大利亚多种多样复杂的高等教育机构，其按照高等教育标准框架，尤其是最低资格标准，对高等教育机构进行注册和评估。高等教育质量与标准署主要依据《高等教育质量机构法（2011）》和《海外学生教育服务法（2000）》开展高等教育质量管理，其具体工作由高等教育质量与标准署委员会负责，委员会评估成员的聘任都在其学历、知识和专长基础上，由教育部长与研究部长协商任命。评估人员多为资深的教育学者与经济、法律等资深专家，他们充分了解教育专业信息，监管经验丰富。高等教育质量与标准署的基本职能是通过有效、独立的监管和质量保障，促进澳大利亚高等教育质量的提升。

二、学历资格框架

澳大利亚学历资格框架由教育、就业、培训和青年事务委员会于1995年成立，该框架为不同阶段的高等教育制定了学历晋级标准，包括从中学文凭到博士学位的一整套标准，它确保了整个高等教育系统的完整性。学历资格框架是一种由政府建立的全国性系统，如表4-1所示，它共有10个级别，从类别上看，涵盖大学、职业教育与培训以及中小学教育。

表4-1 澳大利亚学历资格框架级别统计表

1级	2级	3级	4级	5级	6级	7级	8级	9级	10级
一级证书	二级证书	三级证书	四级证书	专科文凭	高级专科文凭	学士学位	研究生证书	硕士学位	博士学位

澳大利亚学历资格框架的目的在于适应澳大利亚高等教育多样化的要求，建立符合市场需求、职业发展和国家一致的高等教育评定结果，树立学生对高等教育的信心，促进国家经济的发展，为学生获得高级学历资格提供清晰的学习之路，为学生在不同教育培训机构之间的流动、就业及再培训提供便捷，支持个人终身学习目标的实现，并为他们提供必要的教育和培训，支持国家对教育培训的监管、采取措施提升教育质量，通过提高澳大利亚学历资格的价值和认可度，支持毕业生的国际流动和全球就业，并对接国际学历资格框架体系。

三、运动与体育科学协会

澳大利亚运动与体育科学协会成立于1991年，是一个专业性体育组织，其愿景为致力于建立、促进和维护训练有素的体育运动科学高级实践人员的职业路径。协会的目标是接受运动科学领域的优秀成员，提高澳大利亚居民的健康水平，并通过对专业组织的宣传和支持，促进教育、科研和专业实践的卓越发展，提升其成员在体育科学领域的战略领导力。协会由执委会和委员会两个机构组成，5名成员组成的执委会负责认证中心的日常工作，委员会由15名成员组成，负责专业认证申请的审查。2014年4月，澳大利亚运动与体育科学协会颁布了新版《体育运动科学专业认证指南》，该文件规定了高等教育机构申请体育类专业认证的政策和程序。目前，澳大利亚已有26所大学的65个体育类专业通过了该协会的认证，其中学士学位有49个，研究生文凭（相当于硕士预科）6个，硕士学位有10个。

四、教学与校务指导协会

澳大利亚教学与校务指导协会（简称"指导协会"）负责制定包括体育教师专业在内的教师教育专业标准。"指导协会"是由政府成立的官方性质的机构，其运行服从《公共治理法》和《2013绩效与责任法》的管理规定，"指导协会"的运转资金全部由澳大利亚政府资助支持，其按照自身的公司章程运作，并由一个独立的董事会作出决策。"指导协会"的使命是不断培养卓越的教师和领导，使他们对所有学校的学习产生最大影响，其目标包括：开发和维护澳大利亚教师专业和领导标准；根据这些标准实施国家教师认证协议体系；通过专业标准、专业学习和国家职前教师教育课程认证办法，推动高质量教师教育专业发展；承担和参与国际研究和创新发展；与职业协会、教育工会、教师教育机构、社区、澳大利亚课程评估报告局、澳大利亚教育服务部等利益相关者协同工作，按照《1994移民法》的规定，对申请澳大利亚移民的中小学教师进行评估。

2019年6月，"指导协会"制定了《澳大利亚职前教师教育专业认证标准与程序》，其内容包括教师标准、教师教育标准和认证程序3个部分，其中，教师标准针对包括体育教师在内的所有教师教育专业。澳大利亚对职前体育教师有着严格的准入要求，他们必须毕业于专门的体育院校或运动技术学院，掌握扎实的生理学、教育学、卫生保健学、急救法知识，然后再经过专门的教育教学培训，取得文凭和教师资格证书后，才有资格担任体育教师。体育教师不仅要教授学生运动技能，还要向学生传授健康知识。到目前为止，澳大利亚已经有18所大学22个体育教师教育专业通过了"指导协会"的认证。

第三节　澳大利亚体育专业认证标准

澳大利亚高等教育质量管理取决于两个方面：其一，高等教育机构由所在州政府管辖，但是教育质量则由澳大利亚联邦政府控制管理，所以不同类型的高校都能保持均衡发展并且具有较高的教育质量；其二，高等教育机构内部不同专业都有自身的认证机构，这些认证机构颁布教育质量标准，对该专业教育进行质量认证。就体育本科专业而言，其教育质量需要达到学历资格框架的学位要求，运动科学、体育科学和运动生理学3个本科专业需符合运动与体育科学协会制定的标准，体育教师教育专业需达到职前教师国家标准。本文以高等教育质量认证标准、体育类专业标准两个方面，阐述澳大利亚体育专业认证标准的具体内容和特点。

一、高等教育质量认证标准

作为高等教育体系的一部分，体育本科专业不仅要符合澳大利亚高等教育质量与标准署对教育机构的审核标准，而且其毕业生须达到澳大利亚学历资格框架的七级学士学位和八级荣誉学士学位的基本要求。

（一）高等教育质量审核标准

高等教育质量与标准署是澳大利亚最主要的外部审核机构，其审核对象包括公立大学、私立大学、海外大学以及其他高等教育机构。2008年启动了针对公立大学的质量审核，其审核标准为《高等教育标准框架》，该框架由三部分的内容组成，分别为高等教育质量审核标准、高等教育机构标准和术语解释与定义。其中，高等教育质量审核标准的具体内容如表4-2所示。

表4-2 澳大利亚高等教育质量审核标准

一级指标	二级指标
学习参与	新生录取；录取前学分识别；专业方向及进展；学习结果与评价；资格与认证
学习环境	教学设备与基础设施；多样性与公平性 健康与安全；学生抱怨与投诉
课程教学	课程设计；专业师资；学习资源与教育支持
科研训练	科研；科学训练
质量保障	课程批准与认证；学术研究诚信；监控、审查与提高；沟通与交流
管理职责	机构管理；机构监督与问责；学术管理

从表4-2可以看出，澳大利亚高等教育质量审核标准由6个维度的21条标准构成，其内容涵盖了录取、教学、科研、课程、师资、设施、管理及反馈等多方面的指标。虽然澳大利亚高等教育质量审核标准并非针对体育专业教育机构和学生，但是澳大利亚31所大学开设的73个体育类本科专业和16个研究生学科专业都必须符合该标准的要求。体育类专业是澳大利亚高等教育的重要组成部分，高等教育质量与标准署针对这些大学进行质量认证审核，间接促进了体育专业教育质量的提升。

（二）学士学位资格标准

澳大利亚学历资格框架从学习结果的角度，对高等教育不同阶段的资格标准作出了具体描述和规定。学历资格框架的主要使用者是教育培训部门的认证机构，其他使用者包括权威发布机构、行业和专业机构、许可和监管机构、学生、毕业生以及用人单位。2013年修订的澳大利亚学历资格框架包括中等教育、职业教育和高等教育3个层次，共10个级别、16种认证资格。就本科层次的高等教育来说，主要包括以下两种学历资格和标准：第七级学士学位，这是高等教育中最低级别的学历水平；第八级荣誉学士学位，这是为拓宽本科课程学习的学生颁发的毕业生证书。

澳大利学历资格框架的目的在于，为获得学士学位的学生在不同工作情境下应用广泛而连贯的知识奠定基础，并且为学生未来进修学习提供一种途径。学士学位资格的制定和认证必须能够使毕业生具备相应的学习结果，主要表现为基本知识、基本技能及知识和技能的应用3个方面。下面以学士学位资格标准为例说明其具体要求，如表4-3和表4-4所示。

表4-3　澳大利亚学士学位标准描述

维度	具体内容
概述	毕业生具备广泛、连贯的知识和技能，为职业工作和进修学习打好基础
知识	毕业生具备广泛、连贯的理论和技能知识，深入了解一至多个跨学科知识或实践技能
技能	毕业生将具有良好的认知、技术和交流技能，能够选择并应用合适的方法和技术达到以下目的：（1）分析和评价信息以完成一系列活动；（2）分析、提出及解决可预测的复杂问题；（3）向他人传播知识、技能和思想
应用	毕业生将具备相应的知识和技能，以便能够独立工作和自我学习，在运动技能指导和展示中提供专业建议，并展示出自决权、成熟的判断力和责任感

表4-4　澳大利亚获得学士学位毕业生学习结果描述

维度	学习结果
目的	学士学位授予以下人员：能够在各种情况下应用广泛和连贯的知识体系且从事专业工作的学生，以及获得进一步进修学习机会的学生
知识	毕业生将具有宽泛的、连贯的知识体系，深入理解一个或多个学科的基本原则和概念，并把其作为独立终身学习的基础

（续表）

维度	学习结果
技能	认知能力：批判性的审查、分析、巩固和整合知识
	认知和技术能力：宽泛的理解某些领域的深层知识
	认知与创新能力：在识别和解决各种问题时，批判性的独立思考与判断
	沟通交流技能：清晰、连贯和独立的阐述知识和思想
知识技能应用	对问题的设计和解决主动提出的建议
	在不同环境下应用知识和技能
	在专业实践和（或）奖学金之间作出决策，并与他人进行广泛交流和沟通
学习年限	3～4年

从以上两个表格的内容可以看出，澳大利亚获得学士学位毕业生强调基础知识和技能的掌握，以便为学生将来的工作或继续进修打好基础，同时还强调学生独立思考、独立解决问题、交流沟通技能的培养。因此从总体上看，澳大利亚在对本科学生学习结果的要求方面，对专业性知识和技能的要求并不十分突出，相反，对通识教育结果特别重视，凸显对作为一名合格社会人基本素质的培养。体育专业大学生必须达到以上标准要求才能获得相应的学位，进而为从事某种职业或进一步进修提供合格证明。

二、体育类专业标准

澳大利亚运动与体育科学协会负责三个体育类专业的认证工作，即运动科学、体育科学和运动生理学，据此，协会分别制定了三个标准，前两个标准的具体内容如下所述。

（一）运动科学专业标准

运动科学专业标准是针对运动科学领域工作的毕业生而制定的最低要求，该标准是运动与体育科学协会与其他学术团队协商制定而成，该标准也为运动科学专业提供了一个课程框架,并对运动科学专业的准入资格进行了广义的界定,运动科学专业标准是运动生理学和运动科学专业认证的基础。运动科学专业标准包含毕业生标准和领域标准两个部分,其中毕业生标准描述了运动科学专业毕业生的核心价值观和期望,其内容概括了所有研究领域,并且适用于运动科学实践的各个方面。而领域标准则包括15个学习领域,每个领域包括指导原则、评估预期和学习成果要素3个组成部分。

1. 毕业生标准

毕业生标准描述了运动科学专业毕业生应具备的核心价值和期望,该标准从专业知识、专业实践和专业发展三个方面,描述了毕业生应掌握的7个方面的基本知识和技能(表4-5)。

表4-5 澳大利亚运动科学专业毕业生标准

领域	认证标准
专业知识	综合理解运动科学及其子学科的知识
专业实践	应用运动科学的知识和技能满足亚健康客户的具体需求,包括运动规划、运动教学和运动评价
	按照医生的要求向伤后病人传授运动康复的活动项目
	循证实践,包括编译能力、批判性评估、自身职业决策、科学原理的沟通和提供服务
	关注顾客的多元性和平等性,遵守ESSA的职业行为准则和道德实践要求
专业发展	通过教育参与、持续学习、自我评价、跨界合作、科学宣传等方式实现自我职业发展;参与运动科学领域培训,并根据需要求助于相关专家

从表4-5可以看出,澳大利亚对运动科学专业毕业生的要求相对严格,毕业生在掌握基本职业道德和学科知识以外,还要具备很强的实践能力,特别是运动规划、教学和评价,以及运动康复的实践技能,这体现出了澳大利亚运动科学专业人才培养的实用性理念。运动科学专业人才的培养以就业为导向,注重学生实践操作能力的提高,从而为学生就业打好基础。同时,澳大利亚还特

别重视培养学生的可持续发展能力，要求毕业生能够积极参加职业培训，并与运动科学领域的专家沟通交流，通过跨界合作、持续学习等方式实现自我职业的可持续发展。

2. 领域标准

目前，运动与体育科学协会已经对以下15个领域制订了标准：生物力学、运动训练学、运动生理学、运动处方、功能解剖学、人体成长与发育、运动评估、运动心理学、人体解剖学、人体生理学、动作控制与学习、营养学、身体活动与健康、专业实践、科研方法与统计学，各领域标准的具体内容如表4-6所示。

表4-6 澳大利亚运动科学专业领域标准

课程名称	指导原则	评价预期	学习成果
生物力学	描述、测量、分析和评价人体运动的力学原理，并根据顾客的特殊需要加以应用	通过理论和实践学习，学生将具备足够的实践技能，应用生物力学的基本原理准确描述、分析和评价人体运动	（1）描述生物力学的基本原理，分析不同运动形式的关系，能够：①从提高成绩和预防伤害的角度理解健康、运动和锻炼；②理解运动与损伤、残疾和疾病的关系；③应用科学方法确定运动损伤的原因；④理解不同设备和环境下人体运动的生理学反应与适应。（2）利用生物力学基本原理分析不同人群的运动，对他们的日常运动、锻炼活动提供指导，促进健康。（3）从生物力学的角度，采用定量和定性的方法，解释、制定和实施运动干预的具体措施。（4）根据顾客需求确定运动分析的最佳时机；（5）根据客户需求，应用生物力学测量的基本技术和方法，并解释其原理；（6）恰当运用插图和简易术语，与顾客、同事及其他专业人士交流科学数据和运动技术；（7）识别不同运动方式，尤其是不对称运动；（8）将生物力学知识技能与体育学相关领域知识整合在一起

(续表)

课程名称	指导原则	评价预期	学习成果
运动训练学	制定训练计划，对个人和小组运动进行教学指导，满足客户在健康、体适能和运动成绩方面的具体要求，根据专业医生的要求，针对具体伤员制定合适的运动康复计划	运动训练课程以实用为主，通过课程学习毕业生将具备必要的实践技能，以确保能够为顾客提供合适的锻炼计划和日程安排	（1）应用一系列力学、生理学和主观感知的工具和方法监控和评价运动负荷及其变化。（2）通过客户评价获取相关数据，利用数据监控运动锻炼，提高锻炼效果；（3）识别、描述、分析并演示多种锻炼形式，根据客户需求和能力选择合适的运动形式和设施；（4）利用运动控制、功能解剖学和生物力学的基本原理，评价和识别运动功能障碍、不安全运动技术的原因；（5）应用运动技能学习的基本原理，传授和纠正运动锻炼技术；（6）针对不同人群分组进行运动指导，满足健康、体适能和运动成绩的要求；（7）识别与慢性病和复杂环境相关的常见运动参与禁忌症，熟悉这些禁忌症的相关病理生理学原理；（8）根据专业指导原则，监控和评价运动参与的安全性，并制定恰当措施保障顾客安全；（9）评价外部环境或者客户需求的变化，并以此制定运动处方；（10）根据客户的需求和能力，利用动机激励策略安全有效的传授运动项目；（11）记录顾客执行运动锻炼计划的反应和进展，并以口头或书面报告的形式向顾客或专家展示锻炼效果；（12）将运动训练的知识和技能与运动科学其他领域的知识整合在一起
运动生理学	应用运动生理学知识，评价、提高和维持患者的健康、体适能和运动成绩	理解运动生理学知识，并对其内容进行书面评价	（1）描述人体对运动的反应和适应的生理机制；（2）描述在"增补剂"或技术作用下，人体对运动的反应和适应的生理学机制；（3）应用人体对急性运动产生的生理反应和对长期运动产生的生理适应方面的知识，制定锻炼方案的理论基础，以达到保持健康、提高运动成绩的目的；（4）解释和分析急性运动获得的生理学数据，对不同时间点、不同个体和不同人群的数据进行比较分析；（5）将运动生理学方面的知识和技能与其他运动科学研究领域的知识进行综合集成分析

(续表)

课程名称	指导原则	评价预期	学习成果
运动处方	根据需要，针对健康人群设计安全有效的锻炼计划，并有效实施	根据毕业生对运动处方知识的理解和应用能力进行评价	（1）识别和解释目前设计锻炼计划最佳实践的基本原则，解释不同类型的锻炼对健康人群带来的健康、体适能和运动成绩方面的益处；（2）用通俗易懂的语言解释运动风险，描述处理此类风险的恰当措施；（3）根据顾客的锻炼需求和身体功能水平设计满足顾客需求的锻炼计划；（4）将运动处方的知识和技能与运动科学其他研究领域结合起来
功能解剖学	掌握神经、骨骼肌肉系统的知识，全面了解与运动相关的身体功能系统	通过理论与实践相结合的模式进行评价，既要理解理论知识，也要具备识别、测量、解释功能解剖信息及实践应用的能力	（1）识别运动机能学基本原理，解释单个关节及复合关节及其在运动姿势和动作分析中所起到的独立的和综合性功能；（2）识别人体神经、肌肉、骨骼系统的组成部分，描述不同骨骼的作用、关节结缔组织结构、肌肉及其施加于以上结构的外部力量；（3）描述运动、静止、衰老、损伤等对人体骨骼肌肉系统的影响；（4）说明身体组成成分在运动成绩和运动选材中的作用；（5）描述神经—肌肉骨骼系统对长期运动训练的适应；（6）进行肌肉骨骼系统的运动学分析；（7）对人体测量、灵敏度和姿势测试的结果进行分析和评价，并据此对运动处方的制定提出概括性建议；（8）分析规定运动动作，确定哪一块肌肉引起或控制某一关节的运动；（9）整合功能解剖学与运动科学知识，并将其应用到健身、竞技和工作中
身体成长与发育	理解年龄、性别对运动能力的影响，锻炼对人体整个生命历程变化的影响	以书面形式进行评价，评估学生对理论知识的理解、分析和评价能力	（1）描述从胚胎开始到死亡结束整个生命过程中身体成长和发育各阶段的特征；（2）识别在整个生命周期中不适合锻炼的身体成长与发育的特定阶段，了解在身体成长与发育的特定阶段通常会发生的损伤和呈现的状态；（3）描述在整个生命周期中人体结构、生理和运动神经的发展变化，以及运动对改变以上系统的作用；（4）评价和分析与运动相关的身体成长和发育方面的文献资料和基本原理；（5）融合身体成长发育和运动科学技能领域的知识

（续表）

课程名称	指导原则	评价预期	学习成果
运动评估	基于最佳实践安全评估健身锻炼活动、身体活动状态，并能够了解其结果	通过实践技能考试进行评估，准确识别、描述并掌握与健康、锻炼、运动相关的各种评估方法	（1）解释健身锻炼和体育活动安全评估的流程和设备；（2）描述运动评估的局限性、禁忌症，并根据人群特点适当修改评估方法；（3）解释一般评估方法的科学原理、目的、可靠性、有效性、假设和局限性；（4）描述评估设备校准原则和原理，识别并调整校准不正确的设备；（5）掌握适当的预评价程序，包括测试的解释、相关信息内容的获取、关注病史以及运动前的风险评估；（6）了解康复指导原则及详细的指导信息，清楚评估之前和评估过程中进行医学检查的时机，以及停止测试的时机；（7）选择、设计及实施适当的评估方案，包括指导顾客正确使用设备；（8）记录、分析并解释评估信息，并正确表达评估结果，包括评估的精确性和局限性，应用口头或书面形式向顾客或相关专业人员传递评估结果；（9）融合健身锻炼运动评估与运动科学知识，尤其运动禁忌症的生理学知识
运动心理学	根据单一或群体顾客的特殊要求，应用最佳实践行为策略	以实践任务的形式进行评价，能识别、描述、分析、应用、评价综合知识和技能，包括运动计划案例研究评估	（1）描述个性、动机对学习的影响，阐述其对健身锻炼和运动行为的影响；（2）从生态平衡的角度，分析和理解健康、锻炼和运动的环境及其行为；（3）识别和描述健康与锻炼的最佳方式和时机；（4）描述身体活动的目标设定、安全运动参与的影响因素；（5）描述运动坚持的影响因素；（6）描述锻炼、身体活动和运动对心理健康的作用；（7）解释健康、锻炼、运动的行为理论及其结构；（8）采用相关的心理测量和行为工具制定一个锻炼计划；（9）制定相应的行为矫正策略，提高顾客终身运动参与的忠诚度；（10）识别顾客额外的行为矫正需求，制定相应的干预措施；（11）根据顾客需求及身体康复进度，评价并修改其行为策略；（12）倾听顾客的需求和偏好，并与现实目标结合，实现渐进安全的改进；（13）具备基本的心理辅导和沟通技巧

(续表)

课程名称	指导原则	评价预期	学习成果
人体解剖学	全面了解骨骼肌肉系统知识，理解与运动科学相关的人体解剖学知识	理论与实践结合的方式评估解剖学核心概念、理论知识，识别人体解剖结构	（1）使用各种工具确定身体系统的组成，特别是骨骼肌肉系统的组成，包括人体标本、解剖模型、射线图像、图表和照片；（2）识别骨骼肌肉系统及其主要结构的组成，描述骨骼肌肉系统的运转过程；（3）识别并描述身体其他系统的基本结构和组织，包括它们之间的相互关系，重点是心血管系统、神经系统和肺呼吸系统；（4）从表面解剖学的角度识别肌肉骨骼的结构；（5）将人体解剖学的知识和运动科学知识进行融合，并综合应用
人体生理学	了解人体从细胞到有机体不同水平上的生物学机能，尤其是人体机能的综合管理	以考试形式进行评价，描述、应用并整合人体解剖学的主要概念和理论知识	（1）描述各组织、器官和系统的不同功能和需求，及其在运动锻炼背景下与健康、常见病症和药物治疗的关系；（2）基本生理参数的测量和分析，数据的解释与分析，综合考虑基本生理参数和数据的测量分析方法的局限性；（3）在以证据为基础的模型构建方面，以及在对人体机能深层次理解方面，表现出科学严谨性；（4）整合不同生理系统的机制；（5）人体生理学知识与运动科学领域知识，并和技能整合起来
动作控制与学习	解释运动控制与学习的基本理论，开展运动机能评估，并基于最佳实践设计合适的运动计划，根据顾客需求传授运动技能	书面评价运动控制与学习的主要概念和理论知识。实践评估学生运动控制执行解释能力、运动技能方案设计与评价能力	（1）描述神经肌肉及感官系统的结构和功能；（2）识别运动技术的优势和缺陷，评价运动学习和技能获取的过程；（3）解释可能发生在运动学习、技能获取、衰老和受伤过程中的运动功能和运动机能的变化；（4）解释运动控制及运动学习和技能获取过程的一般理论模型；（5）检查顾客在健康、锻炼和运动环境下各个系统的运动功能或运动机能；（6）采用恰当的测试方案来说明运动学习结果；（7）设计运动学习环境和方案，以适合每一个顾客具体的运动控制要求，使其学习成果最大化，并酌情考虑健康、锻炼和运动环境；（8）强调运动控制与学习和运动科学中其他领域的知识和技能的结合

（续表）

课程名称	指导原则	评价预期	学习成果
营养学	具备相应的知识和技能，为顾客提供健身锻炼营养建议	以对营养学基本知识和技能的理解和应用的方式开展评价	（1）描述宏量和微量营养素的功能、来源及在能量平衡和身体健康中的作用；（2）识别膳食摄入测量分析常用方法的优缺点；（3）了解不恰当饮食行为，以及了解转诊的合适路径；（4）描述饮食与肥胖的关系，解释肥胖对身体健康的不良影响；（5）解释测量分析身体成分常用方法的优缺点；（6）描述常见营养补充剂和人工辅助营养剂的功效及合法与非法补充剂的区别；（7）解决常见的营养问题，特别是运动相关营养问题，身体成分变化问题，饮食与肌肉力量增加关系问题、营养与疲劳关系问题等；（8）从生理学和心理学角度评价不当减肥的健康风险问题；（9）分析膳食结构，并讨论其含义；（10）按照营养指南，在营养均衡方面提供建议；（11）针对准备活动、运动训练和训练恢复的不同阶段，提供营养和碳水化合物补充方法；（12）将营养学知识和技能与运动科学其他研究领域的知识结合起来
身体活动与健康	设计运动干预措施，基于最佳实践，增加身体活动时间，减少久坐时间	以书面理解、实践应用和评价等方式进行课程学习评价	（1）描述初级、中级和高级公共卫生健康预防计划；（2）描述澳洲卫生健康系统的组织结构；（3）解释久坐不动和经常性身体运动与慢性疾病的病因、预防和管理之间的关系；（4）举例说明公共政策在促进群体性身体活动、减少久坐不动行为方面的潜在影响；（5）了解健康资助机构开展的各种活动，确定潜在合作伙伴；（6）应用人群分级的建议和原则，优化身体活动，减少久坐不动行为；（7）阐述身体活动的益处和风险，针对不同人群提供身体活动建议；（8）识别活动不足或久坐不动人群存在的风险，评价其行为特征和需求，并给出适当的干预措施；（9）从社区角度规划、组织和评价运动参与措施，以提高身体活动参与水平，降低久坐不动行为的发生；（10）采用运动干预措施，识别个体及群体水平干预措施的优势和劣势，以提高运动参与，降低久坐不动行为；（11）整合身体活动与健康知识和技能与运动科学其他研究领域的知识和技能

(续表)

课程名称	指导原则	评价预期	学习成果
专业实习	遵循伦理要求，有效应用相关知识和技能	基于真实体验，进行实习评估	（1）有效应用掌握的知识和技能；（2）综合应用运动科学专业知识和技能帮助顾客实现既定目标；（3）采用有效的语言及非语言的沟通技巧；（4）了解锻AES、ASS及AEP的实践范围；（5）了解运动科学专业实践的风险因素，并知晓降低该风险的一般措施；（6）了解澳大利亚运动与体育科学协会职业行为守则和伦理道德要求
科研方法与统计学	分析、评价文献资料，将研究结果运用于临床实践；统计分析健康、锻炼和运动科学领域的文献，并解释统计结果	以书面任务的形式评估，表明学生具备了批判性分析研究资料、基本统计计算分析及解释统计结果的能力	（1）描述定性和定量科学研究设计的类型及其应用；（2）对高、低质量的信息来源进行区分，告知基于证据的实践；（3）使用主流数据库获取经过交叉评审的科学文献，进行文献搜索以确定相关文献的真实性；（4）批判性的评价研究方法和研究报告，包括研究统计结果和研究的伦理操守，并将这些知识整合到运动科学其他研究领域；（5）在书面作业中适当引用他人的研究结果；（6）理解并执行相关的统计分析，解释其结果

注：AES为运动科学家（Accredited Exercise Scientist）；ASS为体育科学家（Accredited Sports Scientist）；AEP为运动生理学家（Accredited Exercise Physiologist）。

从运动科学专业领域标准可以看出，主要从指导原则、评价预期、学习结果三个方面对每个领域作了详细规定。其中，指导原则是对领域学习目标的概括性描述；评价预期是对该学习领域进行评价的基本准则；学习结果是领域标准的主体部分，主要从学生的角度阐述他们应该掌握的基本知识、技术和能力。澳大利亚运动与体育科学协会根据每个领域的运动实践需要分别制定了4~12条学习结果，其内容具体而详细，重点强调了学生在掌握该领域基本原理和知识的基础上，能够根据客户的需求和环境的变化掌握与运动相关的测量、分析、评价、监控、识别、预防、传授等方面的实践技能。运动科学专业标准为高等教育机构申请专业认证提供了基本的参考框架，为教师的教和学生的学提供了指导方向，同时也为认证机构提供了鉴定标准。

（二）体育科学专业标准

体育科学专业旨在培养合格体育科学家，体育科学专业标准是对合格体育科学家的最低专业要求，该标准描述了合格体育科学家的知识、技能、特征和资格。澳大利亚运动与体育科学协会认为只有具备了以上基本素质，合格体育科学家才能够提供安全有效的绩效服务，并促进运动员和其他相关客户的健康。

体育科学专业标准也分为毕业生标准和级别标准两个部分：毕业生标准是对该专业毕业生的基本要求；级别标准是一种分层标准，即一级、二级和三级。一级标准是对一名体育科学家合法、安全、有效行为的最低要求，也是对体育科学标准的一般介绍，合格体育科学家要想取得职业资质必须首先达到一级标准的要求；二级标准建立在一级标准基础之上，达到二级标准的申请人被认为是体育科学领域的专业人员，他们具备高级知识和技能，以及体育科学领域的专门知识，并能够把这些知识和技能应用于体育科学的分支学科，其中包括运动生理学、运动生物力学、技能习得、力量科学和成绩分析学等领域；三级标准旨在培养合格高级管理者，他们具备体育科学领域的高级知识和技能。

1. 毕业生标准

体育科学专业学生必须首先达到毕业生标准的要求，合格的毕业生能够应用基本科学原理和方法帮助教练员和运动员提高其个人或团队的运动成绩，也可以将知识和技能应用于企业或社区内的相关体育产业项目。达到该标准要求的毕业生具备以下特质：①对运动员的发展做出自己的贡献；②追求卓越、公平竞赛、安全参与、健康第一等方面的知识、行为、道德要求和价值观；③了解运动员训练状态，并据此选择、设计、修改并应用评估条款和方法；④针对运动员、运动队或其他服务对象，与队医、康复人员、教练员协作设计、传授并解释安全的、有效的、基于证据的体育科学干预措施；⑤对于运动或恢复过程中可能出现的不良症状和体征，能够进行检测、识别、解释、报告并采取适当的处理措施；⑥分析和解释定性和定量数据；⑦文化能力，即在不同社会文化环境中能够敏锐地与不同利益相关者沟通交流；⑧能够采用书面或口头形式与其他健康医疗人员、教练员和运动员交流，适当的记录决策能力；⑨理解与伦理道德相关的政策、立法和规定，并据此行事，包括反兴奋剂、成员保护、操作比赛、隐私、公平竞争、反歧视和健康安全的运动场所方面的法规和政策；⑩理解与体育科学实践相关的特殊规定，并据此行事，包括有关补充剂、药物和注射剂等方面的规定；⑪通过教育交流合作、不断学习、自我评价、跨专业学习及同行评议等多种方式，致力于体育科学领域的自我发展与提高。

2. 体育科学专业一级标准

体育科学专业一级标准是基础，二级、三级专业标准是在一级标准基础上的拓展和扩充，体育科学专业毕业生必须在满足了一级标准的基础上才能申请二级、三级认证，从而成为一名合格的体育科学工作者（ASS）。一级体育科学专业标准的内容如表4-7所示。

表4-7　澳大利亚体育科学专业一级标准

维度	指导原则	学习结果
专业实践	了解体育科学实践框架，包括循证实践、道德考量、立法要求、场地设施及专业要求	（1）按照体育科学职业伦理的要求开展工作 （2）根据体育科学专业管理规定开展工作 （3）在提供体育科学服务中，优先考虑其服务对象的利益 （4）有责任保障实施健康的实践活动 （5）有责任促进专业发展

（续表）

维度	指导原则	学习结果
专业关系	具备伦理道德要求的专业行为和团队合作，能够提供高质量的体育科学服务	（1）在与其他专业人员、后勤人员、服务对象及其家属和护理人员的合作环境中提供体育科学服务 （2）采用合适的沟通技巧与服务对象、同事以及医疗健康人员进行互动 （3）与服务对象在体育科学环境中构建积极的专业关系 （4）与服务对象的家属和护理人员建立适当的关系 （5）采用包容性的、非歧视的工作实践方式 （6）确保服务对象知晓体育科学服务信息，使其作出是否接受服务的决定
决策规划	根据服务对象的不同需求，与医疗团队、教练员及运动员合作制定决策规划，并对其进行评估、检查和记录	（1）坚持安全有效的实践原则，以提高运动成绩、降低运动风险 （2）分析运动员的运动需求和能力 （3）制定具体的发展目标，以提高个人和团队的运动成绩 （4）制定以证据为基础的干预措施，以达到个人和团队成绩目标
科学服务	独立或与其他专业人员合作，以提供安全合理的体育科学服务，基于科学证据和方法确保服务满意度	（1）在体育科学专业实践中展示最佳实践原则和科学证据 （2）有效教学，提高服务对象的学习效率 （3）在运动干预之前、中和后评估其安全性，并据此制定相应策略 （4）批判性的评估体育科学干预措施的效果 （5）符合逻辑的、系统的提出解决体育科学问题的各种方法

（续表）

维度	指导原则	学习结果
科学研究	正确搜集、解释、存储和交流体育实践数据和科研成果，转化研究成果并应用于体育实践，采取有效保密措施	（1）从多种数据源中选择与体育实践相关的材料 （2）应用与体育科学实践相关的多种方法、工具和技术 （3）批判性的评估搜集的数据，以决定其有效性和可靠性 （4）利用数据评价服务对象的现状并据此制定训练计划 （5）利用数据分析结果，为服务对象及其利益相关者提供有价值的信息 （6）将研究成果转化成以证据为基础的实践

如表4-7所示，体育科学专业一级标准包括5个维度、26条指标。专业实践是毕业生工作中应遵循的原则和要求，主要涉及职业伦理、管理条例、对象利益和健康实践等内容；专业关系描述了毕业生的沟通交流能力，展示了毕业生在工作中如何与教练员、运动员、后勤人员、队医和家属等利益相关者进行协作与互动；决策规划是指毕业生根据服务对象的不同需求，制定、评估和检查体育服务决策规划的能力；科学服务则展示了毕业生如何在体育服务中具体实施决策规划措施，主要包括科学证据、有效教学、运动干预评估和系统问题解决等方面；科学研究是对毕业生科研能力的详细说明，包括数据搜集、数据解释、数据评价、科研成果转化和科研成果保密等内容。

3. 体育科学专业二级标准

达到体育科学专业二级标准的毕业生能够熟练掌握解剖学、生理学、生物化学和营养学在内的生物医学知识，以及运动和功能解剖学方面的生物力学知识，并且能够利用动作控制的基本原理分析和熟练掌握运动技能，把心理学知识应用于运动动机控制、目标设定和压力管理等领域，应用训练原则、运动技术及训练恢复等方面的知识帮助运动员获取最佳成绩、预防运动损伤的发生。

并且能够利用以上基础学科知识和应用学科知识开展动作技术分析、提供运动服务并采取运动干预措施。体育科学专业二级标准也分为毕业生标准和领域标准两个方面，其中，毕业生标准的内容如表4-8所示。

表4-8 澳大利亚二级体育科学专业毕业生标准

指导原则	学习结果
毕业生具备体育科学的专业知识和技能，并且把哲学知识和技能应用到体育科学分支学科中，其中包括运动生理学、运动生物力学、技能习得、体能训练科学和成绩分析	一名合格体育科学专业毕业生能够 （1）在一个道德框架下从事体育科学实践 （2）利用领导原则指导体育及体育项目的发展 （3）指导体育科学分支学科领域的新毕业生和新体育科学家 （4）评价体育学科及其分支学科新出现的证据、技术和技巧 （5）评价影响体育成绩的因素 （6）以合作的方式为服务对象设计个性化训练计划 （7）协同评估干预措施的效果 （8）设计基于证据的方案以影响成绩的变化 （9）评估训练计划和干预措施，促使运动员做好准备、提高成绩 （10）评价体育设施和运动训练的风险，判断其安全性，开展测试活动 （11）将科研调查成果与利益相关者联系起来，考虑立法规定和利益相关者的需求 （12）掌握体育实验测试、设备校准程序及设施的维护和保养 （13）遵守实验室和运动场地设施立法规定，保障安全健康运动

与一级标准相比，二级标准更突出学生专业领域技能的掌握，即在与体育运动科学相关的一个或多个具体学科领域内的工作能力，主要包括5个学科领域，即运动生理学、运动生物力学、运动技能控制与学习、力量控制与训练、运动成绩分析，其内容如表4-9所示。

表4-9 澳大利亚二级体育科学专业领域标准

学科领域	学习结果
运动生理学	（1）开展运动人体测量、运动生理、运动代谢和运动营养等方面需求的调查 （2）与教练员协商，开展体育专项生理评估 （3）与教练员、力量调控师及专职医疗人员协商，制定个性化的训练目标和训练重点 （4）与教练员及力量调控师协商，评估训练计划的有效性 （5）采用血液生物化学等措施，监控训练负荷、评估训练反应与适应 （6）根据外界环境（热、高原）的变化，制定相应的训练比赛计划，以提高训练成绩 （7）与运动医师、医疗技术人员相互合作，监控训练不适、骨骼肌肉损伤和疾病伤员 （8）提供各种技术措施，促进运动员体能和技能的恢复 （9）研究和评估新的训练方案、强化剂，包括提高成绩的营养产品和适应性训练环境
运动生物力学	（1）利用合适、有效、可靠手段评价运动技术和动作效率，提高运动成绩和动作表现 （2）与教练员、技能专家、队医相互合作，完善技术、提高运动效率、减少受伤几率 （3）与科研人员相互合作，开发新的运动技术、运动设施（如球拍、球棒、球、球面）或者个人设备（如头盔、运动鞋、运动服），以提高运动成绩，降低受伤概率
运动技能控制与学习	（1）评价运动能力，完善训练计划，改善原有技能或掌握新技能，提高运动成绩 （2）评估运动员的视觉处理能力、暗示识别能力及决断能力 （3）开发和设计训练计划，以提高运动员的学习决策能力，提高运动成绩 （4）与教练员、生物力学专家、队医合作，完善技术、提高运动效率、降低运动损伤

(续表)

学科领域	学习结果
力量控制与训练	（1）在与教练员、运动生理学家及康复人员协商的基础上，制定个性化的训练目标和训练重点 （2）根据身体生理评估结果，制定、实施并修改个性化的训练计划，以提高运动成绩 （3）在队医协作下，监控运动负荷及运动员对负荷的反应，以评价训练计划的有效性 （4）与体育科学和运动医学人员相互合作提高成绩，阻止运动损伤，促进损伤的恢复
运动成绩分析	（1）系统观察并记录运动员在训练和比赛中的成绩及表现 （2）与教练员协商，提供运动员多次比赛的成绩，以增加训练和比赛中的成绩信息 （3）在与教练员、体育科学家及运动医学专家协商基础上，制定运动分析的具体条款 （4）搜集、分析并诊断运动员比赛的成绩和表现 （5）与教练员、体育科学家及运动医学专家紧密合作，监控运动员的技、战术表现 （6）仔细观察以获得运动员的信息，持续采用多学科及跨学科方法促进运动员的发展 （7）研究并实施教育技术革新，以改善、提高和分享运动分析的各种方法

由表4-9可知，体育科学专业二级标准的要求明显高于一级标准，如果说一级标准是对毕业生基本素质和基础能力的要求，那么，二级标准则是对专业领域内的精确要求。体育科学专业二级标准针对每一个学科领域，都规定了4~9条具体的学习成果指标，指标内容详细、全面，要求明确，可操作性强。

4. 体育科学专业三级标准

为了提高运动成绩，体育科学专业毕业生通常会与教练员、运动医学专家、运动康复专家组成一个联合团队，共同服务于运动员或运动队，因此，运动与体育科学协会根据毕业生团队协作能力制定了体育科学专业三级标准（表4-10）。满足三级标准的毕业生，在获得职业资格认证之后，其主要任务就是对该联合团队进行管理，使该团队成员相互合作，共同提高运动员或运动队的成绩。

表4-10　澳大利亚体育科学专业三级标准

指导原则	学习结果
一名高级体育绩效管理者具备管理方面的专门知识和技能，从而有利于精英、专业运动员成绩的提高	一名高级体育绩效管理者能够： （1）提高运动团队、运动组织或俱乐部高水平运动项目的成绩 （2）负责运动团队、运动组织或俱乐部的高水平运动项目的组织结构 （3）管理运动团队、运动组织或俱乐部的高水平多学科专业团队 （4）按照有效领导的原则和实践促进多学科团队的高效发展 （5）在多学科高水平运动环境下，遵循法律规定并基于个人安全和健康，负责实施以证据为基础的各种项目 （6）在实现预期的成绩结果时，评估高水平成绩的有效性 （7）探索新的工具、技术和项目，以提高运动员的运动成绩

从表4-10的学习结果指标内容也可以看出，满足体育科学专业三级标准的毕业生将作为一名高级体育绩效管理员，具备团队管理方面的知识和技能。并在此基础上运用多学科综合知识、技能，探索新的工具和技术，提高运动成绩。

（三）运动与体育科学专业标准的特点

1.领域标准内容以运动人体和运动康复类为主

澳大利亚体育学科属于生命学科的一部分，大部分体育类专业设置于健康学院，运动科学专业标准有15个维度，其中11个维度属于运动人体和运动康复领域，而与运动实践相关的课程仅有一个。从中可以看出，澳大利亚体育运动与科学协会非常重视体育专业学生的专业基础知识和技能的掌握，而对于运动技能的要求并不明显。学生通过掌握解剖学、生理学、生理生化学、心理学、生物力学、营养学、运动技能学习与控制等基础学科知识和技能，可以为自身未来职业发展或进一步攻读硕士或博士研究生打下良好的基础。

2. 标准指标体系具有较强的可操作性

无论是运动科学专业标准还是体育科学专业标准，其指标体系都具有较强的可操作性，在对学习结果的描述中多用"应用""阐释""识别""掌握""分析""演示"等能动性的动词来表示具体的能力指标，如通过运动训练课程的学习，学生应该能够应用一系列工具、方法监控和评价运动负荷及其动态变化进展；获取相关数据，并利用这些数据监控运动锻炼，提高锻炼效果；识别、描述、分析和演示多种锻炼形式，应用运动技能学习的基本原理，传授和纠正运动锻炼技术等。认证机构可以据此指标对体育运动科学本科专业毕业生进行评估，学生也可从中发现自身存在的不足和缺陷并加以改正。

3. 强调学生实践技能的掌握

培养和提高学生的实践技能是澳大利亚体育专业认证的突出特点，如运动科学专业毕业生标准中，七项标准有四项指标与实践能力相关，如运动规划、教学及其评价的技能；根据病人要求设计运动康复方案的技能；与专家教练的沟通技能；循证实践技能等。课程认证中也突出表现为以实践为中心的特点，如生物力学课程中能够根据生物力学的基本原理为不同人群的运动锻炼提供指导；根据病人需求制定运动干预措施，并确定最佳运动时机；具备基本生物力学测量的技术和方法，并解释其原理等，这些标准都要求学生具备很强的实践技能水平。认证课程的实践导向凸显了澳大利亚体育本科专业教育的职业导向性，具备较强实践技能的学生毕业后可以直接从事具体的工作，以实践为导向的课程认证提高了学生的实践能力，并为其未来的就业能力打下了良好的基础。

4. 重视学生的可持续发展

为了保障学生发展的可持续性，澳大利亚的体育专业认证分为两个阶段和层次，即运动科学、体育科学认证和运动生理学认证。其中，运动科学专业和体育科学专业针对学士学位课程，而运动生理学认证针对硕士学位课程，运动科学认证是体育学专业认证的基础，学生只有通过运动科学课程认证之后才有资格申请进行运动生理学课程认证。从认证标准内容上看，澳大利亚运动科学认证也体现出了重视学生可持续发展的特点，如毕业生核心能力标准中要求通过教育参与、持续学习、自我实践和跨职业的相互合作等方式实现自我发展，课程学习结果中强调基本知识和技能的掌握，这些基本知识和技能为学生未来的可持续发展奠定了基础。

第四节　澳大利亚体育专业认证运行机制

——以运动与体育科学协会认证为例

一、运动与体育科学协会专业认证机构

运动与体育科学协会负责认证的机构是澳大利亚国家大学专业认证中心（NUCAP）（简称："认证中心"），认证中心由两个相互依存的组织构成，即执委会和委员会。执委会由5~7名成员组成，主要负责认证的日常工作，如对接受认证申请表、制定认证政策、编制预算、人员招募等；委员会由15名成员组成，主要负责认证申请表的审查。认证中心依照相关章程和法律规定开展认证工作，按照规定，认证中心董事会有权对高校的认证工作进行管理，以保障高校提供与体育运动科学或临床运动生理学相关的课程。同时，高校可自愿参与认证，但只有通过认证之后，其毕业生才有资格申请成为运动科学或运动生理学学会的会员。

二、运动与体育科学协会专业认证程序

澳大利亚体育专业认证过程从提交认证申请表开始，到运动与体育科学协会最终批准认证通过为止，认证过程会持续9~18个月，认证的具体流程如图4-1所示。

第四章 澳大利亚体育专业认证体系

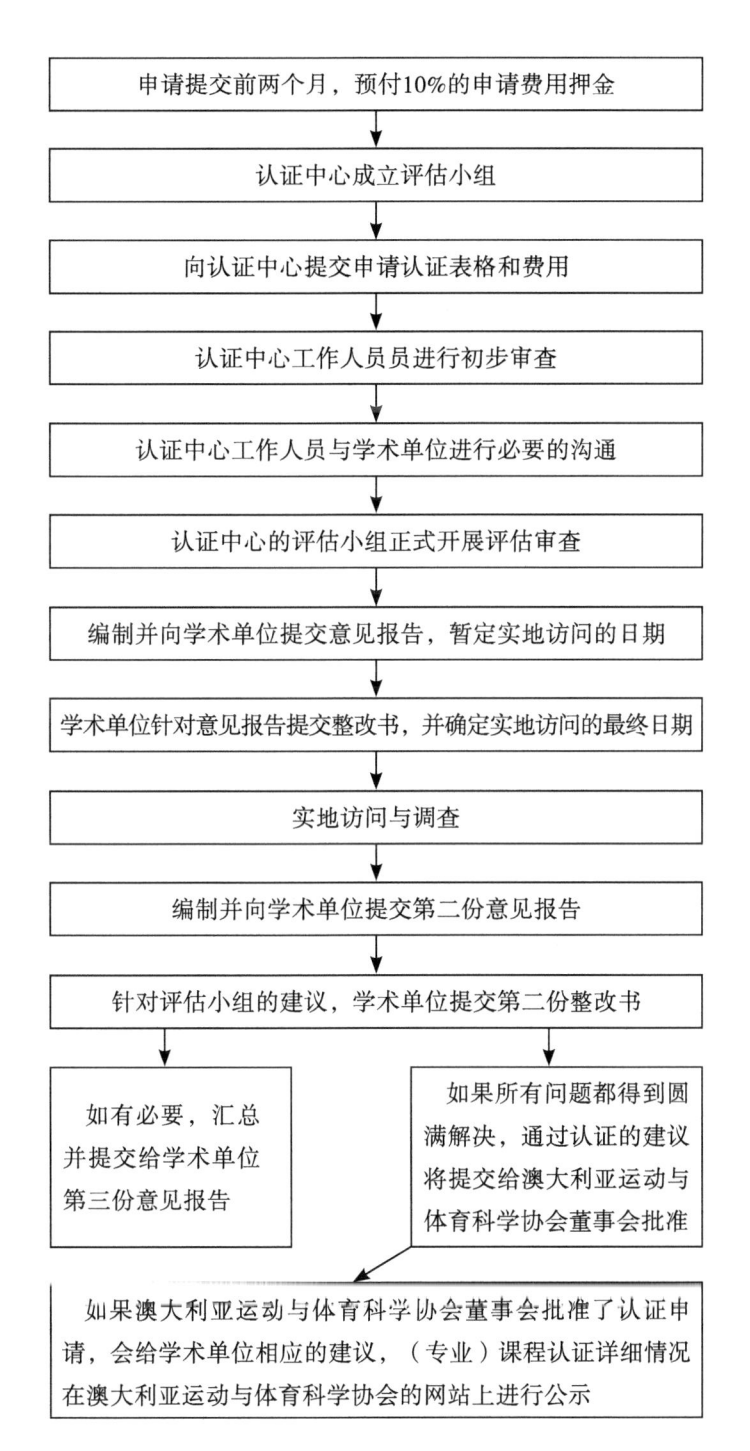

```
┌─────────────────────────────────────────┐
│ 申请提交前两个月，预付10%的申请费用押金 │
└─────────────────────────────────────────┘
                    ↓
┌─────────────────────────────────────────┐
│           认证中心成立评估小组          │
└─────────────────────────────────────────┘
                    ↓
┌─────────────────────────────────────────┐
│       向认证中心提交申请认证表格和费用  │
└─────────────────────────────────────────┘
                    ↓
┌─────────────────────────────────────────┐
│         认证中心工作人员员进行初步审查  │
└─────────────────────────────────────────┘
                    ↓
┌─────────────────────────────────────────┐
│    认证中心工作人员与学术单位进行必要的沟通 │
└─────────────────────────────────────────┘
                    ↓
┌─────────────────────────────────────────┐
│       认证中心的评估小组正式开展评估审查 │
└─────────────────────────────────────────┘
                    ↓
┌─────────────────────────────────────────┐
│  编制并向学术单位提交意见报告，暂定实地访问的日期 │
└─────────────────────────────────────────┘
                    ↓
┌─────────────────────────────────────────────┐
│ 学术单位针对意见报告提交整改书，并确定实地访问的最终日期 │
└─────────────────────────────────────────────┘
                    ↓
┌─────────────────────────────────────────┐
│              实地访问与调查              │
└─────────────────────────────────────────┘
                    ↓
┌─────────────────────────────────────────┐
│     编制并向学术单位提交第二份意见报告   │
└─────────────────────────────────────────┘
                    ↓
┌─────────────────────────────────────────┐
│   针对评估小组的建议，学术单位提交第二份整改书 │
└─────────────────────────────────────────┘
              ↓              ↓
┌──────────────────┐  ┌────────────────────────┐
│ 如有必要，汇总   │  │ 如果所有问题都得到圆   │
│ 并提交给学术单位 │  │ 满解决，通过认证的建议 │
│ 第三份意见报告   │  │ 将提交给澳大利亚运动与 │
│                  │  │ 体育科学协会董事会批准 │
└──────────────────┘  └────────────────────────┘
                              ↓
┌─────────────────────────────────────────────┐
│ 如果澳大利亚运动与体育科学协会董事会批准了认证申 │
│ 请，会给学术单位相应的建议，（专业）课程认证详细情况 │
│ 在澳大利亚运动与体育科学协会的网站上进行公示 │
└─────────────────────────────────────────────┘
```

图4-1 澳大利亚体育专业认证流程示意图

（一）提交认证申请表

提交认证申请表的时间为每年的1月31日或7月31日，整个认证过程会持续9~18个月，具体时间取决于申请进程。通过认证后，有效期限为5年，通过认证的专业适用于所有在册学生。认证申请表包括以下七个方面的内容：通用信息、通用标准、体育运动科学标准、运动生理学标准、实习、质量保障、结论性评论。申请体育运动科学认证的单位不需要完成第三部分内容，申请运动生理学认证的单位不需要完成第四部分内容。同时申请体育运动科学以及运动生理学认证的单位必须同时完成第三和第四部分内容。

（二）成立评估小组

评估小组成员至少包含4名认证中心的委员会成员或者执行小组成员，但执行小组成员通常不超过两名。如有需要认证中心执行小组可以聘请自身成员以外的人员作为评估小组成员。评估和实地调查小组的负责人通常由资历最深、经验最丰富的成员担任。认证中心在组建评估小组时需考虑的成员因素包括：专业领域、性别、可用性、地理区域差异、利益冲突、年度参与认证评估的次数等。

（三）实地考察访问

整个认证申请期间会有一次实地考察，此前评估小组不能进行实地考察，实地考察时会选择两个在校生（或两个毕业生）就专业课程内容和实习情况进行讨论和面试。考察团队成员也会与实习导师进行适当交谈，以搜集有关实习的反馈意见，其中包括学生在实习点所具备的知识和技能等情况。实地考察小组通常包括以下三名成员：一是认证申请的管理者；二是具有2~3次认证申请经历的资深专家；三是一名专业人员，其经历与正在申请的认证级别相一致。实地调查访问的目的包括：验证申请认证的专业与认证中心的认证要求是否相一致；确认申请认证的内容是否准确反映了专业目标和高校的学术使命；与培养单位协商调查报告的条款内容和实地调查发现的问题；与培养单位的负责人讨论任何突出问题，并提出解决方案。一旦实地考察结束，认证中心的管理人员就会向认证申请高校详细传达考察结果信息。

（四）驳回申请认证

当申请认证的专业存在显著缺陷时，认证中心将会驳回该机构的认证申请。显著性缺陷是指可能对学生的学习结果产生负面影响的问题，如遗漏了指定的核心学习领域，未能包括相关领域认证标准，缺乏高质量的教学师资，缺乏相应的设施和设备，实习计划不完备等。如果出现以上问题且高校无法解决时，认证中心将驳回其认证申请，并扣取一定比例的认证费用，在驳回建议中将附有详细的理由，以标明存在的问题。如果认证申请表填写不完善或对调查报告的建议回复不完整，认证申请也可能会被驳回。此时，600美元的认证费用不会退回。从认证中心驳回认证申请之日起12个月之内，该专业不能够再次申请认证，如果在12个月之后重新申请认证，则将再次提交完整的认证材料和费用。

（五）重新认证

在认证即将到期的最后一年，高校有责任再次提交认证申请，如若不然认证将失效，其毕业生也无法取得协会成员资格。再次申请认证时要提交所有认证申请表格并交纳相关费用。如果学校认为在整个认证周期内其专业只有微小的变化，可以申请两年的延期认证。此时，学校必须在认证有效认证周期的最后一年向认证中心提交延期报告，阐明其申请延期的原因，同时上交600美元的申请费用。如果延期申请获得批准，学校在延期第二年开始时再次提交认证申请表。如果运动科学标准、体育科学标准或运动生理学标准有重大改变，而这种改变与课程认证级别相关，那么学校就不能够申请延期认证。

（六）申诉

对于认证中心作出的认证结果决定，高校可以书面形式向其执行小组提出申诉，并且最终由认证机构董事会决定申诉的合理性。为了保障认证的持续、公平和公正，认证中心规定：认证管理人员要参与所有认证申请的审查；除认证管理人员之外，确保每一个认证申请都有一名经验丰富的审查员负责；如果有可能，申请的审查、报告的撰写和实地考察都由评估小组相同的成员来完成；建议报告在提交给高校之前，认证中心执行小组进行审查；一个评估小组要不定期地调整和矫正另一个评估小组的工作。

同时，认证中心要求所有成员表明自己与认证申请单位的隶属关系，在组建评估小组之前，认证中心执行小组会充分考虑这种隶属关系，以及其成员的工作区域范围。当评估成员与认证申请单位过去曾有过合作关系时（比如在最近五年曾经是该单位的员工），或有密切的私人关系，或在最近五年内有科研合作项目，这些情况都存在利益冲突。如果认证申请单位提前发现认证中心的成员存在以上利益冲突，认证中心管理人员强烈建议该单位将这些情况告知他们，认证中心的执行小组将成立一个评估小组考察这一信息。

第五节 澳大利亚体育专业认证体系的特点与启示

一、澳大利亚体育专业认证体系的特点

（一）认证组织机构的多元协调统一

澳大利亚是一个联邦制国家，联邦宪法规定高等教育的立法权归州和地方政府所有，州及地方政府对本地区高等教育事业的发展负主要责任。因此，澳大利亚高等体育专业具有区域性和封闭性的特点，这在一定程度上影响了体育

专业人才的社会流动和社会公信力。近年来,随着澳大利亚高等教育产业化和国际化进程的加快,联邦政府力图通过多种手段加强对全国高等教育机构的有效统一管理和监控。其中体育专业认证机构就由大学、澳大利亚运动与体育科学协会、高等教育质量与标准署、教学与校务指导协会4个部分组成,形成了以大学为中心四位一体的认证组织机构体系。在这个保障体系中,高等教育质量与标准署作为一个独立的外部质量保障机构,依法对各种高等教育机构进行审核和管理,并提交审核结果和绩效报告,保障所有体育专业教育质量的提升。澳大利亚教学与校务指导协会制定了教师标准、教师教育机构标准和认证程序,为体育教师教育专业培养合格的体育教师提供了基本依据;澳大利亚运动与体育科学协会为3个体育科学类本科专业制定了认证标准和认证流程。可以看出,澳大利亚体育专业认证体系有着多元的组织机构,既包括体育专业的认证机构,也包括针对高校的质量保障组织,各个机构之间分工协作、相互协调,共同致力于教育质量的提升,促进了澳大利亚体育专业教育的高质量发展。

(二)认证工作的法制化保障

澳大利亚建立了一套比较完善的高等教育质量认证法规体系,一方面对高等教育进行制度化、法制化、标准化和规范化管理,另一方面通过立法保护大学和学生的利益。在严格的法制化建设中,体育专业教育质量认证可以做到依法行事。例如高等教育质量与标准署对各种类型教育机构的审核和管理主要依据《高等教育质量标准机构法2011》《高等教育标准框架:准入标准》;澳大利亚运动与体育科学协会在对大学体育专业、课程进行认证,以及对体育专业毕业生进行会员申请审核时必须按照《澳大利亚运动与体育科学协会章程》进程操作。通过完善的法律法规体系建设,将使高等体育专业教育质量认证工作有法可依、有章可循,以此确保体育专业教育质量的提高。

(三)认证体系的协调整合性

澳大利亚体育专业认证体系一般都由3个部分的内容组成,即毕业生标准、教育机构标准和认证过程。这三个部分环环相扣，相互联系、相互作用。其中毕业生标准为体育专业的设置提供了清晰的知识、能力和态度指标，并为体育专业目标的设定和教师的教及学生的学提供了参考依据；教育机构标准详细描述了专业教学师资、入学要求、师资设备、课程要求、教学实习、课程评价和教学指导原则等内容，对如何通过课程教学达到毕业生标准作出了规定，为毕业生标准的实现提供了保障；认证过程是在前两个标准的基础上对认证程序的严格规定，是实现毕业生标准和机构标准要求的保障。澳大利亚体育专业认证体系3个方面的内容协调统一，共同构成了专业认证体系框架。

（四）认证标准指标的实践操作性

澳大利亚体育专业认证标准指标体系具有很强的实践操作性。例如运动科学专业毕业生标准中有4项指标与实践能力相关，即运动规划及其教学评价的技能、运动康复方案的设计技能、交流沟通技能、循证实践技能等；领域标准也凸显了以实践为导向的特点，如运动科学专业的15个领域标准，要求学生根据每个领域的具体病症掌握相应的识别、诊断、治疗、护理等知识和能力，这些标准都要求学生具备很强的实践技能水平。同时，不同体育专业认证指标多采用"获取""监控""利用"和"纠正"等动词来表示具体的能力指标，如应用一系列工具和方法监控和评价运动负荷和动态进展，获取并利用相关数据监控运动锻炼，应用运动技能学习原理传授和纠正运动技术等。以实践为导向的专业认证提高了学生的实践操作技能，并为他们未来的就业打下了良好基础。

（五）认证人员的专业性

随着教育质量保障运动在全球的开展与普及，高等教育质量认证已经成为具有一定专业化要求的工作，无论是质量评估还是课程，专业的认证都要求工作人员具有一定的素质与水平，否则无法满足专业化认证工作的需求。澳大利亚专业认证过程中有一批高素质的认证队伍，保障了认证工作的顺利开展。如高等教育质量与标准署对质量审核人员有严格的要求，他们必须具备一定的管理经历，并对高等教育规律有深刻理解，同时，每一名审核员都必须接受一定的培训。澳大利亚运动与体育科学协会的认证成员必须是专业领域里的优异者，且具有大学实习课的工作经历。对4名认证成员的具体要求为：一名D级或E级的认证委员会成员；一名专业领域内的学术成员，且其所在专业已经通过了相同级别的认证；一名认证专业人员，其经验与正在申请认证的级别相一致；一名具有1~2次认证经验的同行专家。来自不同领域的专家代表以不同的视角对专业进行认证，保证了认证结果的客观、公正，提高了认证结果的公信力。

（六）认证过程的严谨规范性

为了保障澳大利亚体育专业教育质量的权威性和国际影响力，高等教育质量与标准署、运动与体育科学协会以及教学与校务指导协会都针对体育专业认证和再认证制定了严格的审核程序和环节，对认证过程每一步的核心任务、时间、要求和评估费用都作了明确规定。同时，申请认证的高校需要填写统一的申请表格。例如，运动与体育科学协会专业初始认证申请表格就包括6个方面的内容，每一部分都详细描述了需要提交的支撑材料，并对支撑材料的格式作了统一规定，这不仅提高了认证评估的规范化程度，而且能够有效避免过多的差异性和主观性，提高了认证过程的公平性。另外，澳大利亚体育专业认证体系采取了自主申请、自我举证、专家审核的认证模式，在明确认证标准的前提下，按需、按标准审查认证材料，认证过程让数据和事实说话，做到了认证过程有理有据，并且为高校提供了申诉反驳的机会，体现了认证过程的公正严谨性。

（七）认证方式的循环发展性

为了持续保障高等体育专业教育质量，认证中心对体育专业的认证并非一次性完成，而是以循环认证的方式持续进行。澳大利亚规定专业认证的周期为5年，除非申请两年的认证延期，5年之后需要重新认证，重新认证时需要再次提交认证申请表格并交纳相关费用。同时，为了及时反映社会对体育专业人才的需求变化信息，并把最新的科研成果纳入到课程教学之中，澳大利亚规定对体育专业标准开展1年一小审、5年一大审的复审，以此保障专业课程的新颖、有效性。认证中心和运动与体育科学协会正是通过循环认证的方式持续不断地促进澳大利亚体育专业教学质量的提高。

二、对我国体育专业认证体系构建的启示

（一）成立专业的认证组织机构

认证机构是开展体育专业认证工作的前提和关键，同时也决定着专业教育质量。澳大利亚体育专业认证是在高等教育质量与标准署的监控下，由运动与体育科学协会、教学与校务指导协会等机构具体负责实施。结合澳大利亚的经验和我国国情，我国体育专业认证机构可包括两个主体，即教育部高等教育教学评估中心（以下简称"评估中心"）和体育专业学术组织。当前，我国师范类专业认证工作就是在评估中心主导下开展的，因此，评估中心毫无疑问应该成为体育专业认证的宏观指导机构，并在整个认证过程中起到核心主导作用。就我国情况来看，在评估中心的宏观指导下，体育专业认证的具体实施机构应该是国内体育教育领域最权威的协会组织，"教育部高等学校体育教学指导委员会"（以下简称"教指委"）是对高等学校体育教育教学工作进行研究、指导、评估以及提供咨询和服务的专家组织。因此，可以在教育部评估中心履行监督职责的基础上，将教指委作为我国体育学类本科专业认证的具体实施机构，并成立专门的认证委员会。

（二）制定完善的认证法规体系

澳大利亚体育专业认证的实施具有完善的法规做保障，如《运动与体育科学协会宪章》从总体上规定了机构性质、管理架构、会员类型、成员权利与义务等内容；此外，协会针对内部员工制定《职业行为准则和道德规范》，针对认证高校颁布《高等教育机构专业认证指南》《体育专业学习结

果评估指南》和《认证结果申诉政策》，针对专业实习制定《专业实习范围与政策》，以上文件构成了一套完整的认证法规体系，提高了澳大利亚体育专业认证的法治化水平。"法治高等教育"是"法治中国"的重要组成部分，然而，目前我国高等教育的法治化水平相对较低。在专业认证方面，仅颁布了《高等学校体育学类本科专业教学质量国家标准》《普通高等学校师范类专业认证工作指南（试行）》等文件，其他相关配套法规文件缺乏。因此，在我国体育专业认证实施过程中应加强法规文件的制定，使体育专业认证做到有法可依、有章可循。

（三）构建核心课程的质量标准

专业是课程的组合，课程质量会对专业人才培养质量产生实质性的影响，而构建科学、规范的课程标准是专业成熟的标志。澳大利亚体育专业以能力为基础，以学习结果为基本要素制定毕业生标准和领域标准，其中，领域标准是评价毕业生能力水平和课程质量的基本依据。我国体育专业建设历经20世纪80年代的"教学大纲"、20世纪90年代"课程方案"和2008年的"专业规范"等阶段，但是，到目前为止并没有制定专门的课程标准。2018年颁布的《高等学校体育学类本科专业教学质量国家标准》针对每个体育专业制定了10门核心课程，体育专业核心课程的强制实施对于规范专业建设，提高体育专业人才培养质量具有一定的促进作用。但是该标准同样没有给出核心课程的具体标准，因此，有必要借鉴澳大利亚体育学专业领域标准的内容，尽快制定适合我国国情的体育专业核心课程标准。

澳大利亚以毕业生专业素养为基础构建体育专业标准，其毕业生专业素养包括专业知识、专业实践和专业发展3个知识领域和6条能力标准，这6条能力标准是体育学专业在人才培养上区别于其他学科专业的关键，而15门课程的认证标准是对以上6条能力标准的具体化。从美国、英国体育专业核心课程标准的制定经验来看，两国均以学生的专业素养为基础构建课程标准。比如，美国运动学协会"核心课程"项目以"身体活动"为中心，构建了体育学科4个领域的核心知识以及与之对应的10个方面的核心能力；针对体育本科学生专业素养，英国高等教育质量保障署体育《学科基准声明》列出了5个知识领域和16

条具体的能力指标。由此可见，在知识领域的统领下，构建以专业素养为基础的体育专业核心课程标准，是世界各国体育专业人才培养的普遍做法。因此，在制定我国体育本科专业课程质量标准的过程中，有必要借鉴国外经验，清晰界定体育专业大学生专业素养，并将专业素养融入到体育专业核心课程标准的指标体系之中。

（四）突出基础学科知识的地位

世界各国体育学科专业的源头均与教育学科密切关联，但是随着社会经济的发展，体育学科知识体系已经从单一的体育教育范畴拓展到体育产业、运动康复、运动训练等多学科领域。从澳大利亚体育专业认证标准内容来看，更多关注体育基础科学知识在人才培养中的重要地位，如运动科学专业毕业生标准第1条就是"综合理解体育学科及其子学科的知识"，而已经通过认证的15个领域中就包括了12个基础科学类领域；在专业实践领域进一步指出，"应用体育科学知识和技能满足亚健康客户的需求，包括运动规划、运动教学和运动评价"，"按照医生的要求向伤后病人传授运动康复的活动项目"。这些能力要求分别从知识掌握和知识应用的角度进行设计，呈现出了一种递进的逻辑关系，凸显了基础学科知识在体育专业人才培养过程中的重要作用。

自然学科是体育学的核心学科，20世纪末，国际体育学科就开始与自然学科进行大规模融合，其相关成果有利支撑了众多国家在健康促进和竞技体育的重大需求。如2006年美国国家科研理事会正式将体育学科列为生命科学的一个分支，标志着体育学作为一门生命学科得到了国家认同。而综观我国体育学科的发展历程，目前还未突破教育学学科门类的藩篱。2018年《高等学校体育学类本科专业教学质量国家标准》列出了体育学类本科专业的七门核心课程，其中四门为人文社会类课程，仅有三门自然学科类课程。多年来体育学界一直困惑于体育学学科地位问题、体育学学科门类独立问题以及体育专业人才的社会认同问题，这些问题的存在与体育学科缺乏基础科学知识的支撑有着密切关联。因此，在《"健康中国2030"规划纲要》实施背景下，在慢性病呈现"井喷式"发展的态势下，加强体育学科与基础科学知识的融合研究，确立基础科学知识在体育专业人才培养中的基础作用，具有特别重要的现实意义。

（五）促进专业认证与职业认证的衔接

为了鼓励高校积极参与体育专业认证，自2014年1月开始，澳大利亚规定只有经过认证的高校毕业生才有资格申请成为运动与体育科学协会会员，只有成为其会员才具备考取相关职业的资格。因此，澳大利亚体育专业认证与职业资格紧密挂钩。2015年10月出版的《中华人民共和国职业分类大典》汇集了30多种体育核心及其辅助职业，经国家体育总局体育职业技能鉴定指导中心认可的工种也有47个，体育职业类型的划分为体育专业人才的培养提供了重要依据，但是如何将体育专业与体育职业紧密结合起来，使高校能够根据社会需求有针对性的施教，保障体育毕业生的社会需求，是我国高等教育普及化背景下亟待解决的问题。

综观世界各国高等院校体育本科专业设置，大多具有职业导向性特征，比如美国学科专业分类目录体现出明显的职业倾向性，不仅个别专业直接以职业名称命名，如运动培训师、运动治疗师等，而且学科专业分类目录与职业分类系统直接对应。就我国情况而言，由于没有建立体育专业认证与体育职业认证的关联机制，导致大量非体育专业大学生自由进入体育系统就业，进而挤压体育专业大学生的就业市场，比如，国家体育总局近几年新进人员多半来自体育系统之外。与此相反的是，其他就业领域对体育专业毕业生的进入却设置层层壁垒，比如医学界对运动康复专业的课程设置、人才培养目标认识不够深入，导致运动康复专业学生无法进入医学体系就业。从这个角度来看，有必要构建专业认证与职业认证的衔接制度，确保体育专业与体育职业之间的有效互通，这也是提高我国体育专业人才社会地位和认可度的必要措施。

第五章
加拿大体育专业认证体系

  独特的地理环境、政治体制和历史文化传统，铸就了加拿大特有的高等教育管理体制，加拿大没有全国统一的联邦教育部或类似的教育机构，但各省均设有教育主管部门，负责全省的教育事业。在国家层面，各省的教育部长联合组成"加拿大教育部长理事会"，以负责促进和协调各省间的教育合作。加拿大高等教育实行自治管理，每所大学都有自己的大学章程，因此，在大学专业设置上并没有统一的国家规定，各个学校根据自身学科优势和社会需求开设专业，专业名称也各不相同。其中，体育及体育相关专业主要有三个类别，即体育教师教育类、运动机能学类、体育管理类，分别属于教育教学、医疗卫生和商务管理三个学科领域。与专业设置相对应，加拿大体育专业认证体系由两个机构组成，即体育教育与运动机能学管理者协会（以下简称"体育运动管理者协会"）和北美体育管理协会，体育运动管理者协会主要负责体育教师教育和运动机能学两个专业的认证工作，北美体育管理协会负责体育管理专业的认证工作。

第一节 加拿大体育专业认证发展历程

  加拿大高等体育专业历史悠久，与美国重视私立高等教育不同，加拿大高等教育基本都属公立。自《1867年宪法法案》颁布实施之后，加拿大就确定了各省和地区负责管辖区域内高等教育的体制。本文从高等体育专业设置和体育专业认证体制两个方面阐述加拿大体育专业认证发展历程。

一、加拿大体育本科专业发展历程

（一）体育教育专业发展历程

加拿大共有600多所高等院校，其中大学93所、学院122所、社区学院和职业技术学院400多所，这些高校都属于公立性质。加拿大高等教育的学位层次分为学士、硕士和博士3个级别，其中大学学士学位的学制一般为3~4年，又分为普通学位和荣誉学位两种，普通学士学位修读3年，荣誉学士学位为4年。加拿大在高等院校专业设置上并没有统一的国家规定，各个学校根据自身的学科优势和社会需求开设专业，专业名称也不尽相同。其中体育教师教育专业是加拿大最早设置的专业之一。早在1900年多伦多大学就开始颁发身体训练方面的毕业证书，麦吉尔大学也于1919年开始颁发类似的文凭。但是，直到1940年多伦多大学才颁发第一个体育教育学士学位。第二次世界大战之后，随着大学招生人数的增加，其他学校也开始陆续设置体育教师教育专业，如麦吉尔大学（1945年）、英属哥伦比亚大学（1946年）、皇后大学（1946年）、西安大略大学（1947年）、渥太华大学（1949年）、阿尔伯塔大学（1950年）、萨斯喀彻温大学（1954年）、拉瓦尔大学（1954年）、蒙特利尔大学（1955年）、麦克马斯特大学（1956年）、新布朗斯维克大学（1957年）等。到了20世纪60年代，共有12个体育教师教育专业（或体育健康专业）成立，但是，整个60年代大学体育教育相关人员都没有召开过学术性会议。截至1990年，开设体育教师教育类专业的大学达到38个。随着体育教育专业开设数量的增多，体育教育作为一个学科的意识才逐渐凸显出来。

（二）运动机能学专业发展历程

运动机能学是20世纪60年代逐渐发展起来的专业，早在1965年12月15日，安大略大学运动机能学学院主任贝尔卢克斯主持召开了第一次"安大略大学体育教育研讨会"，参会人员有皇后大学、滑铁卢大学、吉普大学等6所高校的体育学院主任，会议主要讨论了体育学学科发展方向及其相关问题。1966年12月16日，约克大学举行了第二次"安大略大学体育教育研讨会"，这次会议主要讨论了两个议题。一是高校体育教育专业联盟与其他相关机构之间的关系问题，这些机构包括"安大略教育协会"以及"加拿大健康、体育和休闲协会"。体育教育专业联盟成员认为，高校体育教育者有自身关心的问题，联盟名称应改为"安大略省大学体育教育协会"，并且规定每年举办一次会议，联盟成员应该包括大学体育专业教师；二是体育教育专业课程设置问题，早在1966年之前已有学者就已经在关注这个问题了，即体育教育专业是否应该有统一的课程内容。鲍威尔认为，体育教师是通过身体活动来关心人类的发展及其与环境之间的关系。体育是教育的一个组成部分，其主要关注学生的有效成长和运动。因此，体育教育专业课程内容主要体现为运动技术类知识及教学法知识。但是，体育是一个发展迅速的学科，有必要规定其学科内容，体育学把人作为一个整体来研究，这就意味着有必要采取兼收并蓄的、跨学科的研究方法，吸取其他学科的知识和方法来促进体育学科的发展。因此，参会人员一致认为，体育学科内容应该包括以下两个方面：其一为学术性内容，其二为实践性内容。在体育学学士学位的4年课程设置中，实验课程和实践类课程应该是理论课程的两倍。

鲍威尔认为学科是变化的，科学应该是其核心，但他仍然坚持认为，培养教师是体育学科的主要目标，并且期望继续把运动训练和运动技术类课程作为体育学课程的重要组成部分。而阿什顿则建议成立一个新的领域方向，即在强大的科学基础上建立一个运动机能学部门，会议建议在体育教育专业之外开辟一个新的专业，即运动机能学。1967年12月滑铁卢大学正式批准成立了运动机能学院，并设置运动机能学专业。但是，当时大部分大学还只是设置体育教师教育专业，直到20世纪90年代以后，运动机能学专业的设置数量才开始逐渐增多。

（三）体育管理专业发展历程

相比体育教师教育和运动机能学两个专业，加拿大体育管理专业的设置较晚。体育管理学作为一门学术性科学专业，早期一般称之为体育行政学，其研究内容主要集中于学校领域,研究范围也比较狭隘。随着北美地区体育赛事、体育产业、体育市场规模和容量的持续扩大,体育管理学的研究领域也逐渐拓展到商业活动的层面。在体育管理学正式成为高等院校的一个学科专业之前,体育管理专业人才只接受俱乐部的课程培训。1985年9—10月,齐格勒、罗伯特和珍妮特等12名学者在加拿大安大略省温莎市召开了体育管理学专家会议,会议讨论了体育管理学学科范围、学科需求以及学科共同关切的问题。与会人员一致认为,体育管理学是一个有共同学科基础和社会需求的学科专业,鉴于社会对体育管理专业人员的大量需求,有必要在高等教育机构设置体育管理学学士学位。在这次会议的基础上,1985年12月16日,北美体育管理协会正式成立,此后,加拿大高等院校体育管理专业设置数量也逐渐增多,截至2015年,共有16所高校设置了体育管理专业(表5-1)。

表5-1 加拿大体育管理专业设置统计

省份	学校	专业名称	学士	硕士	博士
阿尔伯塔省	皇家山大学	运动休闲管理	√		
阿尔伯塔省	阿尔伯塔大学	娱乐、运动、旅游	√		
不列颠哥伦比亚	卡莫森学院	体育管理	√		
不列颠哥伦比亚	三一西部大学	体育休闲管理	√		
新不伦瑞克省	新不伦瑞克大学	娱乐体育研究	√	√	
纽芬兰省	纽芬兰纪念大学	娱乐	√		
安大略省	布鲁克大学	体育管理	√	√	√
安大略省	劳伦森大学	商务体育管理	√		
安大略省	尼亚加拉学院	体育管理	√		
安大略省	尼普森大学	身体健康教育	√		
安大略省	渥太华大学	体育管理	√	√	√
安大略省	滑铁卢大学	娱乐运动商务	√	√	
安大略省	温莎大学	人体动力学	√		
安大略省	韦仕敦大学	体育管理	√		
安大略省	约克大学	运动健康科学(体育管理方向)	√		
萨斯喀彻温省	里贾纳大学	运动娱乐研究	√	√	√

二、加拿大体育专业认证发展历程

加拿大体育本科专业的认证机构主要由体育运动管理者协会和北美体育管理协会组成，这两个机构分别负责体育教师教育、运动机能学、体育管理学和运动康复学等专业的认证工作。

（一）体育运动管理者协会的认证历程

体育运动管理者协会的成立可以追溯到1965年12月15日在西安大略大学召开的"安大略大学体育教育研讨会"。该协会的前身为"加拿大健康、体育和休闲协会"，1969年6月19日，协会在维多利亚召开会议，霍华德作了一个有关大学体育责任的专题报告，报告指出，协会比较关注中小学体育教育，但是一直以来忽视了大学体育教育，因此，霍华德提议成立一个"学科研究委员会"，以便从哲学和生物力学的角度研究大学体育学科的发展趋势。1971年2月"国家大学体育学科研究会"正式成立，同年3月10日，该协会颁布了《加拿大大学体育院系主任、院长宪章》。1971年11月，"国家大学体育学科研究会"在渥太华大学正式召开了第一次会议，参会人员有18位。为了使研究会更具有代表性，协会主席唐·麦金塔建议将协会改名为"加拿大大学体育管理者协会"。协会成立之初急需解决6个方面问题：国内不同大学之间专业信息的交换问题、运动竞技与学科发展的关系问题、学科专业化及其界定问题、专业核心内容的确定问题、大学内部体育学与其他学科平等地位的认可问题，以及体育学科研经费的来源问题。

1972年在加拿大大学体育管理者协会第二次年会上，协会主席霍华德发表了题为《处于十字路的体育学科》的报告，该报告指出，国家层面体育教师的培养规模很快会超过实际需求，建议修改专业课程设置，以容纳休闲、健康、运动管理及其他学科方面的知识。同时，报告指出实施专业认证的必要性，这个问题在20世纪90年代一直为大家所关注。调查结果显示，9所大学持肯定态度，10所大学持否定态度，3所大学的态度不明朗。1987年1月19日，加拿大健康、体育和休闲协会的主席丹尼尔·舒西发起了一份正式提案，提议在全国范围施行"大学职前专业认证"和"体育教育毕业生注册认证"。

1988年6月，课程工作组组长罗伯特·赛尔撰写并向"加拿大大学体育管理者协会"提交了一份题为《加拿大大学体育教育专业进展状况》的报告，报告指出，近十年来有3个因素对体育教育领域产生了重要影响，即健康健身、竞技运动和体育学科研究。体育教师教育专业刚开始主要致力于培养职前体育教师，现在受到以上因素的影响，其专业课程内容已经无法满足多方面的需求。该报告发布之后，协会理事会于1989年批准了一项议案，即制定"一份致力于专业认证过程的行动计划"，并核准了"认证过程实施原则"，并且一致认为，"认证应基于标准化的知识体系"，确定了用于研究特定知识领域的最短时间。同时指定泰德沃尔、佩吉·格兰特和尼尔·舍洛克3人组成认证指导委员会，具体负责制定"认证行动计划"，自此，加拿大体育专业认证工作正式启动。

虽然体育专业认证工作正式启动了，但是对体育专业认证的质疑一直不断。部分协会成员认为，尽管毕业生资格认证和专业认证有清晰的区别，但是专业认证并不是协会擅长的业务；另外一些协会成员认为认证可以提高毕业生的就业前景，但是极力阻止个别机构对认证的垄断，避免由此对学科课程可能造成的影响。1989年12月在加拿大大学体育管理者协会"的会议上，沃尔提交的协会报告认为，认证需要基于以下三个主题，即标准、过程和系统发展。1990年5月，协会成员召开会议，讨论在大学内实施专业认证与学科评估的问题，但是与会者普遍认为，应该谨慎实施认证制度，避免仓促行动。支持认证制度的人认为，认证是提高标准、描述学科知识体系、提高专业影响力、促进学科研究并获得资金支持的有效方式。但是有些人担心认证会对学生就业和招生产生影响，传统体育教师教育专业的人仍然担心自身在学校地位的下降，而运动机能学专业教师对认证不感兴趣。如阿仕顿是唯一一个明确反对认证实施的代表，他明确建议限制对体育教师教育的认证，滑铁卢大学虽然第一个开设了运动机能学专业，但是并不认为该专业需要外部审查。

1995年12月，"加拿大大学体育管理者协会"年会上批准了基德和詹森的联合议案，即针对大学体育教师教育和运动机能学本科专业实施自愿认证制度，并由协会主席任命的两个分委员会分别制定体育教师教育和运动机能学专业的认证标准。1997—1998年，比莱克提交了"认证程序"和"专业标准"两份详细的报告草稿。1997年8月年会上，与会人员强调，如果协会自身再不采取行动，一些外部机构将强制实施他们的标准，而这些外部标准对"个性化专业使命不具有敏感性"，同时还声称，加拿大大学体育管理者协会必须作为体育专业认证的唯一机构寻求国家认可，由于受到外部压力，协会开始强制加快认证实施步伐。1998年5月，协会召开会议，会议决定对会员单位的认证作出限制，批准了为期7年的认证有效期，并授权第二年开展两个专业的认证试点工作。起初认证工作由两名评审员和1名体育教师教育和运动机能学外部评审员共同负责，最终决定在麦克马斯特大学运动机能学专业和皇后大学体育教师教育专业实施认证试点。2000年麦克马斯特大学和皇后大学都提交了"自我评估报告"，"加拿大大学体育管理者协会"对两个认证试点专业进行了审查。到2003年认证试点取得了显著成功，一些专业的认证申请已经获得了批准，更多专业开始实施认证。

（二）北美体育管理协会的认证历程

20世纪80年代末，随着北美地区体育产业的迅速发展，社会对体育管理人才的需求增加，加拿大许多高校开始设置体育管理专业。然而也出现了体育管理专业课程设置相对凌乱、不同学校课程类别差距较大的现象。为了完善学生知识结构，为用人单位雇用体育管理专业的毕业生时提供一个质量标准，高校需要一个权威的课程指导标准。1989年，北美体育管理协会和国家运动与体育协会成立了合作委员会，以解决不同学校专业课程设置凌乱的问题。

图5-1 北美体育管理协会成立大会人员

第五章　加拿大体育专业认证体系

1990年10月，合作委员会召开年会，会议通过了《体育管理专业课程设置及专业发展评估纲要》，该文件成为了加拿大体育管理专业认证标准的雏形。1993年，合作委员成立了新的机构，即评审理事会，评审理事会代表合作委员会独立行使体育管理专业评审的权利，负责制定和执行体育管理专业教育的最低标准和评估的相关原则。从此，体育管理专业标准就被应用到专业审批和专业认证过程中。

经过评审理事会12年的体育管理专业教育评估实践探索和理论研究，2005年7月，合作委员会开始将专业认证制度和认证标准的构建提上日程，经过合作委员会代表的讨论，将具体操作流程分为认证体制和认证标准两个部分。第一个部分是认证体制方面，会员单位主要由北美体育管理协会与国家运动和体育协会两个组织的现任会员组成，会员单位必须缴纳一定的会费作为今后提高认证组织服务质量的经费；第二个部分是认证标准方面，合作委员会以1990年的评估纲要为基本参照，结合雇主单位对体育管理专业教育的实际要求，以此制定了以成果评估为驱动的认证标准。

2006年8月，北美体育管理协会召开年会，参会代表就体育管理专业认证体制和认证标准进行了讨论，并提供了反馈意见。2007年1月，为了获得更多的反馈信息和建议，合作委员会将相关认证标准的草案递交至合作委员会的所有成员。此后，北美体育管理协会与全国体育教育联合会多次召开研讨会，进一步完善专业认证体制和认证标准的内容。2008年7月，美国体育管理认证委员会（以下简称："认证委员会"）成立，该组织是独立于北美体育管理协会和国家运动和体育协会的非营利组织，认证委员会具体负责制定体育管理专业认证的相关标准并执行认证过程。鉴于加拿大与美国政治体制的趋同性，加拿大高等院校的体育管理专业按照认证委员会标准和程序参与认证工作，至此，加拿大体育管理专业开始了质量认证之路。2008年12月31日，认证委员会开始接受各教育机构的会员资格申请。申请认证的专业一旦经认证批准，有效期长达7年。认证对加拿大体育管理专业的发展起到了很好的保障和监督作用。

第二节 加拿大体育专业认证组织机构

一、体育运动管理者协会

体育运动管理者协会是一个全国性的组织，于1971年11月在渥太华大学正式成立，成立之初协会的名称为"加拿大大学体育管理者协会"。协会成立的目标主要包括以下几个方面：为体育研究人员以及具有学士学位授予权的高校负责人提供交流平台；创建、审批和管理体育本科专业认证的框架和过程；根据会员的要求，定期召开会议，讨论共同感兴趣的议题；针对目前在科研和专业教育方面存在的问题提交解决意见书；搜集并传播体育管理实践信息；为其会员提供相关信息。体育运动管理者协会负责两个专业的认证工作，即体育教师教育和运动机能学。目前，通过该机构认证的高校名单如表5-2所示。

表5-2 加拿大体育专业认证院校统计

运动机能学	认证时间（年）	体育教师教育	认证时间（年）
皇后大学	2008—2015	皇后大学	2008—2015
戴尔豪斯大学	2008—2015	圣弗朗西斯泽维尔大学	2009—2016
圣弗朗西斯泽维尔大学	2009—2016	卡尔加里大学	2009—2016
卡尔加里大学	2009—2016	布鲁克大学	2010—2017
约克大学	2010—2017	麦克敦大学	2013—2018
萨斯喀彻温大学	2010—2017	多伦多大学	2011—2018
新布伦奎尔大学	2010—2017	曼尼托巴大学	2011—2018
曼尼托巴大学	2011—2018	纽芬兰纪念大学	2011—2018
纽芬兰纪念大学	2011—2018	劳伦森大学	2012—2019
麦克敦大学	2013—2018	阿尔伯塔大学	2012—2019

（续表）

运动机能学	认证时间（年）	体育教师教育	认证时间（年）
多伦多大学	2011—2018	英属哥伦比亚大学	2014—2021
阿卡迪亚大学	2011—2018		
湖首大学	2011—2018		
西门佛蕾泽大学	2012—2019		
阿尔伯塔大学	2012—2019		
劳伦森大学	2014—2019		
西安大略大学	2014—2021		
英属哥伦比亚大学	2014—2021		

体育运动管理者协会的执委会由5名成员组成，认证委员会由1名协调员和16名成员组成，成员通常从协会会员中提名组成。而具体的认证工作则由评审小组来完成，评审小组成员的资格由认证委员会批准，评审小组由14名成员组成，认证委员会成员也可作为评审小组的成员，3个机构的会员组成及任期职责如下所述。

①认证委员会，认证委员会成员的任期为3年，其职责包括：接收认证申请，并制定认证审核规则；对评审建议作出最终的决议；发表认证声明；根据认证标准和认证程序的改变，为体育运动管理者协会成员提供建议。②认证协调员，认证协调员由体育运动管理者协会执委会任命，任职期限为3年，职责包括：主持召开认证委员会会议；挑选评审小组成员；汇集机构认证申请；协助评选评审小组成员；协调并对评审员提供培训；必要时任命上诉评审小组；与专业学科机构交流沟通。③评审小组，评审小组成员由体育运动管理者协会成员提名任命，职责包括：阅读并审查认证机构的自评报告，参与实地考察；撰写考察报告；对认证机构重新提交的认证申请进行评审；向认证委员会提出建议。如果可能的话，评审小组的报告应该在6个星期之内提交给认证协调员。

二、北美体育管理协会

北美体育管理协会是一个非营利性组织,其会员包括四类人员:一是专业会员——主要由北美地区的专家学者组成;二是学生会员——高等院校注册的学生;三是名誉会员——已退休的前会员;四是国际会员——北美地区之外的个人。国际会员享有与专业会员、学生会员和名誉会员相同的权利和责任,但不能担任协会主席、财务主管等职务。北美体育管理协会的管理者包括现任主席、前任主席、候任主席、秘书、会计及期刊编辑六类人员,但只有专业会员才有资格担任主席,其次,专业会员或国际会员才有资格担任秘书、期刊编辑或代表成员。

北美体育管理协会的目的是促进和鼓励体育管理领域的学习、研究、学术论文写作和职业发展,协会成员职责在于促进体育管理理论的发展,以及管理理论在运动、锻炼、舞蹈和竞技等相关领域的实践应用,因为这些领域是体育管理专业人员的就业领域。协会支持与国内外相关组织开展合作,并积极召开体育管理学会议。为了达成以上目标,协会将努力完成以下任务:与其他地区的类似机构开展合作;组织召开管理会议;出版体育管理领域的期刊。作为一个国际性体育组织,各个国家的体育管理专业都可以向北美体育管理协会申请认证。目前已有22个国家和地区的高校体育管理专业通过了认证,其中,加拿大16所高等院校的体育管理专业通过了其认证。

第三节 加拿大体育专业认证标准

质量标准是专业认证体系的核心内容,认证机构以质量标准为依据,对体育专业教育机构开展评估工作,本文以体育教师教育、体育管理两个专业为例,具体阐述加拿大体育专业认证标准的详细内容。

一、体育教师教育专业标准

专业认证旨在提升教育质量,因此,"体育运动管理者协会"把质量标准作为体育教师教育专业认证制度的基石。早在1998年，以比莱克为主的研究小组就向"体育运动管理者协会"提交了包括"认证程序"和"认证标准"在内的体育教师教育专业认证报告，并且采用该标准实行了为期3年的自愿认证试点工作。在此基础上，经过协会成员的反复讨论和修改，2012年"体育运动管理者协会"正式颁布了新版的体育教师教育专业认证质量标准。新标准包括通用标准（表5-3）和专业标准（表5-4）两个部分。值得注意的是，该质量标准是"体育运动管理者协会"与加拿大体育健康教育部密切合作的结果，新标准也是体育教师教育专业的最低标准，可以确保毕业生具备必要的知识储备，以便能够在未来的工作中开展有效教学。同时，该标准也确保了开设体育教育专业的高校具有足够的师资配备，以实现课程内容和课程深度的协调统一。

表5-3 加拿大体育教师教育专业通用质量标准

维度	学习结果	课程体系
1.专业结构	毕业生在体育教学中积极发挥作用，并提升自己在体育教育学科领域的专业化发展	（1）课程数量：4年制学士学位至少40门课程 （2）课程范围：50%的专业课程由体育学院提供 （3）课程深度：至少开设4门体育教育类高级课程 （4）师资：75%的专业课程由体育学院全职教师担任
2.学科知识	（1）应用自然科学、社会科学和人文科学的基本原理分析人体运动 （2）辨析学科领域内不同观点和理论的有效性和正确性	8门核心课程：人体解剖学、人体生理学、运动生理学、生物力学、运动学习与控制、身体运动心理学、社会（或人文）学课程（两门）
3.专业知识	描述并展示与基本动作、竞技、运动、舞蹈、广外运动、锻炼、健康体适能相关的基本技术、策略和安全措施	4门必修课程：（1）各种环境中的正式比赛、运动、身体活动；（2）舞蹈；（3）基本运动（如田径、体操）；（4）休闲娱乐健身康复活动 教学重点：运动项目的教学策略及动作原理分析

(续表)

维度	学习结果	课程体系
4.健康促进	规划和设计适合终身学习的健康指导方法，提高个人和社区的健康水平，并把健康教学融入到学校生活中	两门必修课程：（1）健康教育（包括健康促进和营养学知识）；（2）身体成长与发育
5.特殊人群	识别特殊需求和多样化的学习方式，并据此实施教学策略，发挥学生的最大潜能	1门核心课程：特殊体育教育课程
6.专业选修	选修一定数量的专业课程之后，进入教育学院进行专门化学习，并获得教育学学士学位	教育学学士学位要求：只有满足了省级录取标准的师范毕业生，才有资格进入对口的教育学院攻读教育学学士学位

从表5-3可以看出，加拿大体育教师教育专业通用质量标准分为维度、学习结果和课程体系三个方面，维度是对学习结果的分类，即从6个方面对体育教师教育专业开展认证工作，包括专业结构、学科知识、专业知识、健康促进、特殊人群及专业选修。其中，专业结构是有关课程范围和课程深度的信息，是对体育教师教育专业课程体系、师资及学生能力的总体要求；学科知识是从学科的视角对体育教师教育专业学生基础知识和能力的规定，包括应用自然科学、社会科学和人文科学的基本原理分析人体运动，辨析学科领域内不同观点和理论的有效性和正确性等；专业知识则描述了体育教师应具备的基本运动技术和运动技能；健康促进展示了一名体育教师如何促进学生和社区居民的终身健康；特殊人群描述了体育教师面对残疾学生如何采取多样化的教学方式，并实施有效教学；专业选修描述了获得教育学学士学位的基本要求。课程体系是对学习结果的支撑，也是专业认证工作的参考点，学生只有经过相应课程的学习才能达到学习结果的能力要求。此外，体育教师教育专业机构在满足通用标准的要求之后，还必须达到专业标准的认证要求（表5-4）。

表5-4 加拿大体育教师教育专业质量标准

维度	学习结果	课程体系
1.教学策略	（1）规划、管理、展示、开发教学内容，识别课程目标，基于学生发展和安全，设计并实施教学策略 （2）设计并实施安全的、与社会相关的学习经验 （3）开发利用与健康促进、积极生活相关的教学对策 （4）设计并实施可改变或影响学生身体活动及健康行为的学习策略 （5）阐述学习环境和知识获取的关系 （6）督促自身不断学习 （7）利用动机激励原理督促终身体育参与 （8）提升沟通交流能力，督促学生、家长、学校领导、同事和社区居民积极参与体育活动 （9）拓展计算机、网络、多媒体等新技术的应用	专业认证核心课程要求：教育学学士和综合培养体系的专业必修提供的课程包括：教学策略、体育教学法、体育教学分析、课程设计与实施、特殊人群诊断等课程。每门课程必须至少包括10周的教学实践
2.学习评价和反思	（1）使用正式的和非正式的评估技术 （2）掌握自我教学评估策略 （3）掌握同行教学评估策略 （4）掌握元评估方法 （5）批判性反思体育健康教育的过程和结果 （6）评价教学过程，据此调整教学策略、提高教学效率 （7）自我反思教学的有效性	
3.专业发展	（1）加入国家或省级专业组织，促进自身专业发展 （2）通过行为研究、课程更新、参与会议、在职进修等方式，促进自身专业发展 （3）加强机构合作，提升体育教师教育专业发展	

与通用质量标准强调体育教师教育专业的学科结构不同，体育教师教育专业质量标准更重视对职前体育教师教学能力的要求，该标准将体育教师的教学能力分为教学策略、学习评价和反思、专业发展3个维度，并根据每个维度的

内容制定了非常详细的学习结果要求，这些学习结果的内容全面翔实、具有很强的操作性。此外，为了保障学习结果目标的达成，专业认证标准规定了详细的课程体系，包括教学策略、体育教学法、体育教学分析、课程设计与实施、特殊人群诊断等课程。尤其值得注意的是，为了提高学生的实践能力，"体育运动管理者协会"规定每门课程必须包括不少于10周的教学实践，这体现了加拿大对体育教师教学实践能力的重视。

二、体育管理专业质量标准

北美体育管理协会是加拿大体育管理专业认证标准的最早制定机构，2008年1月，北美体育管理协会与美国国家运动与体育协会联合成立了体育管理认证委员会（简称"认证委员会"）。认证委员会是一个非政府组织，其总部位于美国，但是加拿大高等院校体育管理专业主要参与其认证工作。

（一）认证标准的结构体系

体育管理专业认证标准是一个全面的评价体系，由以下4个方面的内容组成：图表和数字、引言、认证内容、自评指南。其中，引言和认证内容是认证评价体系的主体框架，图表和数字、自评指南是开展认证的基础材料。引言部分是有关认证标准的简要介绍，主要说明了认证目标、认证维度和具体思路，并界定了体育管理专业教育的特点，以此引出专业建设的基本要求和原则。优秀体育管理专业教育特点是整个认证标准的起点，"认证委员会"期望以教育成果的形式对受评机构的教学水平和教学资源进行评估。为了体现基于结果的认证理念，引言部分对优秀体育管理专业教育特点进行了详细阐述，其内容主要包括以下12个方面。同时指出，优秀体育管理专业教育是由相互联系的不同要素共同促成的。认证考察过程主要是对教学机构的这些要素进行考察和评估。

一个优秀的体育管理专业教育机构具有以下特点：①清晰的培养目标，且与所在院校的总体培养目标相符；②完备的专业培养方案，且方案的制定缘于体育管理市场实践需求和体育管理学科课程，培养方案与学校目标相符；③具有持续改进的机制，体育管理专业院系及其高等学院要不断完善教育成果评估，并将自我评估与培养方案和战略计划相关联；④确保毕业生具有良好的道德水准和较高的专业能力，是一名受过良好教育的专业人才；⑤为学生提供多样化条件和宽松的学术创新环境；⑥为学生提供充足的教育实践机会，确保课堂教学与体育管理实践之间的有效关联，保证专业教育的时效性和有效性；鼓励与其他学术单位或体育管理机构进行合作；⑦专业师资力量良好，任职教师必须在自身教学领域具有相关研究成果，必须制定适当的教师评价体系，确保体育管理专业教职人员持续提高自身能力，并积极参与并完成与自身教育目标相符的工作；⑧尊重体育管理专业的学术和专业资格认证；⑨确保自身的教育目标和教学使命被有效传达给学生，并提供足够的教学资源以保证教育目标的顺利达成；⑩课程设置应该反映教育机构和学术单位的教育目标，并符合当前社会的需要，课程内容包含体育学术理论知识和体育管理经营实践经验和规则；⑪确保学生理解体育管理专业课程内容，并能从中获得相应能力，以便在不断变化的全球环境中有效处理关键问题；⑫体育管理课程内容应该以适当的、有效的、鼓励性的方式传授给学生，同时还应该认识到实际锻炼和经验学习是优秀体育管理教育的重要部分。

根据优秀体育管理专业教育的特点，认证委员会制定了客观详细、系统的认证维度、考察标准和自评文件，并以此对体育管理专业教育机构进行考评和认证。其中最为核心的就是成果评估，即通过受评机构的教育成果来评估其完成自身教育使命和目标的程度。成果评估既是认证的核心原则，也是对受评机构最基本的要求。认证委员会规定，认证申请机构依据自身成果评估系统而得出的评估结果将每年报送至认证委员会，委员会在审查基础上给出相应改进建议。

认证维度是认证标准的核心内容，也是专业教育机构自我评估的参照基准，认证维度与优秀体育管理专业教育的特点逐一对应，详细列出了教育机构为了达到相关特点而必须在相应领域达到的基本水平。认证维度的内容可分为8个方面，其内容涵盖了体育管理专业教育机构日常运行的各个领域。这8个方面分别是成果评估、战略规划、课程教学、教师资质、学术活动、教学资源、内外关系、教育创新。8个维度又进一步分为35个详细的认证考察点（表5-5）。受评单位需在自评材料中对每个维度的具体认证考察点作出解释和描述，并出示相关证据。在以上8个认证维度中，针对每一项具体的内容，该认证标准都严格按照以下顺序进行描述，首先，结合优秀体育管理专业教育的相关特点说明对该内容进行认证的重要性；其次，对该部分的相关认证内容和指标进行详细说明和界定；最后，按照不同层次学位教育，提供所需准备的自评报告和文件。

表5-5 加拿大体育管理专业认证标准结构体系

认证维度	主要观测点
成果评估	使命和目标；学习成果评价；技能发展；个人发展；业务评价
战略规划	战略规划简介与价值观；所有资源概括；外部分析；优势和劣势；目标、战略和行动计划；学生学习目标
课程教学	专业课程设计；专业教育内容；通识教育内容；课程宽度和深度；课程审查和改进
教师资质	教师资格；教学工作量；师资政策与发展；教学效果；
学术活动	受奖励的学术活动；受奖励的专业活动
教学资源	财务资源；设施资源；学习资源；技术支持资源；校外资源
内外关系	内部关系；招生过程；外部监督；行业联系；外部关系；国际合作；社会责任
教育创新	教育创新

加拿大体育管理专业认证标准以任务驱动为核心原则，从专业构成的三个要素（战略规划、专业课程、专业师资）出发，要求受评机构以教育成果的产

出质量（学生专业素质和人格素养）作为教职员工或教学单位的评价标准，并以长期的、发展的、外向的战略眼光处理当前的各种问题。课程方面，着重考察专业课程设计与普通教育之间的区别和联系，充分保障专业课程的深度和广度，在此基础上，确保每一门课程随着行业的变化而不断发展；师资方面，在教师素质、教学工作量、研究领域、人事政策等方面制定了明确要求；为了促进教学质量的不断提升，该标准还特别强调受评机构应该支持并开展各种学术和专业活动；学生方面，将学生的学习成果、就业情况、雇主反馈、学生自评等内容作为认证的主要参考点。

为了确保自评过程的规范化和制度化，认证委员会在认证标准中详细列明了认证申请机构在自评报告中需要填写并提交的各种材料及其填写规范，这些材料主要来源于认证申请单位自身的日常文件，如学生手册、教务信息手册、教师薪酬目录、教师简历、校内外资源目录、教学设施清单等。除此之外，针对具体的考评内容，如专业课程、教职员工、教学资源等，认证标准还提供了统一格式的表格和图例表，以确保自我评估信息的统一性和规范性，避免自评信息的遗漏和认证过程的主观臆断倾向。

（二）认证标准内容的分析

加拿大体育管理专业认证标准内容主要包括以上8个维度，鉴于其内容体系庞杂多样，本文仅以成果评估、课程教学、教师资质、内外关系4个维度为例，具体分析加拿大体育管理专业认证标准的具体内容。

1. 成果评估标准分析

成果评估是考察体育管理专业教育机构及其办学效果的程序，认证委员会坚持成果导向的认证理念，因此，成果评估标准在认证程序中最为重要，而且成果评估标准及程序也是其他领域标准进行详细解释的依据。认证委员会在成果评估时需要重点考虑不同方面的动态变化，而不仅仅是考察一个静态的绝对数值。具体来说，成果评估标准的内容主要包括以下5个方面（表5-6）。

表5-6　加拿大体育管理专业成果评估领域范围

认证领域范围	基本要求	主要观测点
使命和目标	必须称述自己的使命和目标，同时要称述如何实现使命和目标	体育管理专业的使命和目标的实现
学习成果测量	描述至少包括两种直接和间接的测评学生学习成果的方法	预期学生学习成果
技能发展	描述确保学生达到大学水准的基本内容及方法	学生基本技能的发展
个人发展	描述个人发展进程及使用的方法	学生个人技能的发展变化
成果测量	描述检测成果的技能和方法模型	体育管理专业的实际操作成果

由表5-6所示，加拿大体育管理专业成果评估不仅仅局限于学生的学习成果，同时强调学生基本技能的发展及个人持续发展等方面。这说明学习成果评估不只是强调学习成绩，同样重要的是对学生实际能力的考评。特别是考评学生能力的发展变化，强调能力培养的变化过程。如果学生入学时的能力基准不同，最后获得能力水准也不同，但是在整个培养过程中，如果学生能力得到提高，也符合成果认证标准的要求。但是，认证委员会更看重的是根据自身的办学宗旨和目标发生的变化及提高。成果评估的主要观测点可以为我国高校培养目标的制定提供一些新的思路，多注重学生能力的培养。至少，我国高校在考评学生时，要考虑到学生基本技能和个人技能的持续发展变化，这样培养出来的学生才会符合社会需求。

2. 课程教学标准分析

课程认证标准要求课程的设置必须反映体育管理专业的使命，而且课程设置要与当前体育管理的实践和职业体育有关联。体育管理专业的课程设置必须确保学生具有这样的知识储备：即能在全球变化的环境中，具有适应变化的能力，或者为之做相关准备。课程教学标准同时还强调，要认识到体育管理实践的重要性，设置相关的实践教学课程。此外，还要求被认证教学机构描述体育管理专业的整体设计，包括学士学位要求的年限、学期和全职学习的时间，课程教学标准包括以下几个方面。

（1）专业课程内容：体育管理本科专业必须包括以下6个领域的课程：①社会、心理和国际体育管理领域，包括体育管理原理、体育领导、体育运营管理、运动项目及场馆管理、体育行政管理等课程；②体育道德领域，包括体育道德类课程；③体育市场营销领域，包括体育市场营销、交流与沟通等课程；④金融、财务和经济领域，有体育金融原理、会计和体育经济等课程；⑤体育法律领域，包括体育政策、法规等课程；⑥综合类，如实习、管理政策与战略、毕业论文等课程。虽然认证委员会对参与认证的体育管理专业没有具体课程设置要求，但是专业课程内容必须包含上述领域。

本文以加拿大皇家山大学为例，进一步说明课程标准对高校体育管理专业课程设置的指导作用。皇家山大学具有体育管理学学士、硕士和博士学位授予权，并且于2013年通过了专业认证。皇家山大学体育管理专业本科课程设置如下：专业必修课程设有体育管理导论、体育组织战略、体育经济学、体育组织行为学、体育行政管理法规、体育金融、体育道德、体育产业销售管理等，课程设置完全在认证委员会认证标准范围之内。认证委员会对专业课程内容范围的设定，确保了学生能够掌握该领域的基本知识和技能。目前，我国高校的体育管理专业课程设置不统一，造成学生专业知识结构有较大差异。如果我国能设置一个类似的权威课程指导标准范围，将有利于构建专业所需的基本知识结构模型，有利于完善学生的知识结构。

（2）通识课程内容：体育管理专业本科层次教育不仅需要必要的专业课程，而且必须要求有文学、艺术等相关领域的课程，同时还要求有人力资源相关领域的课程。这些通识类课程要求占总学分比例的57%左右，而专业课程所占的比例为43%左右。通识课与专业课所占学分分配比例如表5-7。

表5-7 加拿大体育管理专业课程学分分配表

课程类型	主干课程	学分	比例
通识必修课	心理学导论、写作与学术研究、历史和人文社会学、经济学原理、会计原理、数据统计与分析	40	33.3%
通识选修课	市场营销原理、高级经济学、计算机商务应用、文学、艺术类课程	28	23.3%
专业必修课	公共群体交流、体育管理、体育经济、体育金融、体育产业研究方法、体育组织行为管理、体育组织战略、体育产业管理	40	33.3%
专业选修课	体育与传媒、体育人力资源管理、体育赞助、品牌策略与广告、体育经济政策	12	10.0%

从表5-7来看，通识教育选修课程28学分，而体育管理专业选修课程是12学分，通识教育选修课程的学分数是专业选修课程学分数的两倍多，这说明美国体育管理专业比较重视通识基础教育，重视学生综合素养的提高。从选修课程的内容来看，通识选修课程范围设置很宽泛，如演讲、表演艺术等课程，这些课程已经突破了专业的界限。这样的课程设置为学生全面发展提供了条件，也尽可能降低了专业学习对学生综合素质的影响，有利于学生以后的发展。密西根大学体育管理本科专业要求学生必须修满120学分，其中，全校开设的通识教育必修课程42学分，其中人文类课程不少于12学分，自然科学类课程最少修满12学分，社会科学课最少修满12学分。专业选修课程33学分，体育学院开设的课程必选24学分和9个实习学分，专业选修最少选12学分。体育学院开设的课程中涵盖了人文、自然科学、社会科学等类别，且最少修满36学分，通识教育课程学分占总学分的62.5%，属于标准范围之内。我国高校体育管理专业的课程设置中，通识教育课程选修范围较窄，而专业必修课程安排偏多，学生忙于完成必修课的学分，而没有充分的时间选修一些提高综合素质的课程。高校要考虑适当调整基础选修课程与专业必修课程的比例，多设置一些有利于学生个体以后发展的综合课程。

（3）课程的宽度与深度：认证委员会对课程的宽度和深度有一定要求。首先，课程设置需要包括足够的前沿性课程，这些课程可以为学生进一步学习或者职业发展做好准备，所以设置需要一些超越基础且具有深度和广度的课程。一般来讲，这些课程至少占体育管理课程总学分的25%。由此可见，加拿大对体育管理专业的课程设置要求较高，在通识教育类的课程比例高于体育管理专业类型课程的前提下，对课程的宽度和广度也作了规定。这样，可以避免课程设置的单一性，为扩展学生的知识面，提高综合素质，进而提高专业教育质量打下基础。我国高校体育管理专业课程设置中，存在一些陈旧的、不合理的课程，如果高校能强调重视对前沿性课程的设置，就会少一些已经落后于时代发展的课程。增加前沿性课程将有助于拓宽学生视野，促使他们及时了解本领域的新知。

（4）课程评审与改进：认证委员会要求根据教学成果对课程进行及时的评审和改进，动态监督体育管理专业的教育质量。担任体育管理专业课的教师必须参与课程评审和改进过程，因此，学生学习成果是课程评审的重要指标。此外，加拿大还要求对毕业生或者用人单位进行调查，以了解哪些课程可以满足学生和用人单位的需求，然后根据调查结果进一步优化课程设置。专业课程的评审和改进可以保障课程设置与时俱进，即根据市场需求及时更新课程。通过对毕业生的调查，了解体育管理专业课程内容与实际工作的关系，反馈信息作为课程设置调整的参考因素。这样，可以避免因为课程设置局限及内容陈旧，导致学生学习兴趣降低，也可以保证培养的学生符合市场需求。课程的评审和改进正是我国体育管理专业目前急需解决的问题，随着我国社会经济的发展，高校体育管理专业的课程设置要与体育产业发展结合，根据人才市场需求及时调整课程设置。

（5）课程设置人员资格要求：负责课程设置的教师需要具备深厚的教育背景、丰富的教学经验或者具有相关的工作经验。认证委员会要求课程设置人员必须是具有博士学位的全职教师或具有职业资质的全职教师。而且，在本科课程设置指导团队中，在每一个课程领域中，至少有一位具有博士学位或者职业资质的教师负责该领域的课程设置，如体育法、体育经济等领域。同时要求课程设置人员配备齐全，分别从理论与实践方面保证课程设置的科学性，具有职业资质教师的参与设置，避免理论教学与实际应用的脱节，为进一步完善体育管理专业课程设置创造了良好的条件。如密西根大学设有体育管理课程咨询委员会，委员会的人员都具有丰富的从业经验，委员布莱恩·莫瓦尔森是国际体育管理公司（IMG）体育网络的总经理，杰弗里斯·威彭是纽约大都会棒球队的运营部主席，瑞克·桑德是亚特兰大老鹰队的总经理等。这些具有丰富经验的从业人员在课程设置时能够提供关键建议，及时对课程进行评审和改进，使体育管理专业课程设置具有实效性，确保专业课程设置符合市场需求，进而为学生以后工作做好准备。我国高校体育管理专业课程设置时，相对缺少体育产业经验丰富人员的参与，容易出现课程设置与实际需求脱节的现象。高校体育管理专业课程设置要重视设置课程人员的资格配备，尽可能从理论与实践需求相结合的角度综合考虑。

3. 教师资质标准分析

认证委员会要求专业教师对本专业和学科的发展有学术贡献，为教育机构专业使命和目标的实现做出过贡献。教学过程中，教师要重视强调道德教育，教职员工需要树立道德模范榜样。此外，为了确保体育管理专业教育的时效性和相关性，专业教师的课堂教学内容要与体育管理实践紧密结合。教师要用有效的激励方式进行授课。同时，要求学术机构给教师提供良好环境，为教师的发展与学术活动提供支持，创造一个好的教学与科研环境。

（1）教师资格标准：认证委员会要求专业教师必须具备较高的学历或者丰富的从业经验。教师的最低资格是在相关领域取得硕士学位，并且体育管理职业人员必须在教师中占有一定的比例。此外，体育管理专业教师中，具有体育管理博士学位或者体育管理相关领域博士学位的教师必须占到一定比例；具有法学博士学位的老师或具有体育管理法律教学经验的教师，或者拥有相关职业经验、卓越教学成果、教学经验丰富的教师，也要占有一定的比例。学术机构在教师配备时，原则上要遵循以上标准，如果有特殊需要，需要某些特殊人才，教学机构可以按照个案处理。目前，我国体育管理专业教师学历层次可以达到要求。但是，基于体育产业的实际经验来考虑，教师的相关经验有些欠缺。我国高校体育管理专业的发展，以后应在体育管理教师相关职业经验方面给予重视。

（2）教师政策标准：认证委员会要求高校制定一系列有利于教师发展的

政策。如教师深造政策、优秀教师的标准、教师晋级政策、认证政策和认证标准、教师工作量政策、学术科研政策、终止合同离职政策等。同时要求教师必须公开出版专著、论文成果或者其他一系列适宜的学术活动。教师也要不断追求自我提高,学术机构必须给教师提供自我深造的机会。教学机构要制定相关政策,鼓励教师从事学术交流活动、学术研究,同时要实行学术休假制度,确保教师有一定时间专门从事科研或者进一步学习,为提升教学和科研质量创造条件。目前,我国一些高校实行学术休假制度,有的高校虽然有规定,但实际执行中难以贯彻实施。事实上,对于教学科研岗的教师们,非常有必要定期进行学术交流和学习深造,建议高校的学术休假制度一定要落到实处,增强高校教师人才的竞争力。

(3)教师工作量标准:教师需有充足的时间进行教学和科研,教学机构不能期望教师每个学期超量工作。教学机构对承担行政工作的教师要给予一定的工作量减免,特别是承担研究生教学工作的老师。这样可以保障教师合理分配教学和行政工作的时间,也可以保证承担研究生教学的教师有足够的时间进行科研,对研究生进行指导,教师可以在科研水平提高的同时促进研究生的教学工作。我国高校教学工作量的考评,各校标准不一。虽然对"双肩挑"的教师有工作量的减免。但是大部分高校对承担研究生教学的教师并没有特殊的工作量减免政策。建议高校对承担研究生教学的教师实行工作量减免政策。这样,便于教师有更多的时间进行科研,提高学术水平。

(4)教学效果标准:教学机构或者体育管理专业需要构建一套正式完整的自我评价体系,这套评价体系可以有效考评教师教学效果和学生学习效果。评价原则要求教学机构的人力资源部门根据学术机构的使命和目标作出评价。其中,对教师的综合评价包括教师自评,学生、同事和领导的评价。评价的结果应该通知被评价教师。评价的内容包括教师对学生的指导、科研活动、与体育产业的相关程度、自我发展等方面。由此可见,该评价是对教师自身发展的综合考察,并且强调了教师的自我发展和与体育产业之间的关联。这样就避免了教学理论与实践脱节的现象,结合实践的教学更具有针对性和时效性。我国高校体育管理专业教学效果的整体评价中,还没有涉及与体育产业结合的指标,如果从体育管理学科应用性特征分析,多一些与实践结合的考评指标,将更加符合学科特性。

4. 内外关系标准分析

认证委员会在认证会时对体育管理专业与体育管理行业之间的联系进行考评。同时要求体育管理专业与其他教育机构保持合作关系，教师跨领域进行合作研究。而且要求教学机构在使命和目标的陈述中应该体现这些内部与外部的联系。高校专业应该有这样的战略，即促进体育管理专业教育和现实体育产业之间的联系。体育管理专业的课堂教学应该和体育产业之间有效衔接，确保体育管理专业教育与实践的相关性和现实性。

（1）对内部的关系：认证委员会要求体育管理专业与高校内的其他专业有合作关系。体育管理专业的目标和使命要和学校的目标和使命相同。专业介绍里包括如下内容：高校有哪些相应的政策和程序，可以使体育管理专业的学生有合理的机会取得成功。如针对新入学的学生、其他学校或者本校申请转学的学生，高校内部应该有相应学分转换政策。同时应该有相应的休学或退学政策，以及退学后如何重新返校复读的政策。该准则明晰了高校内部相关专业与体育管理专业的关系，为学生的进一步深造或者转学等提供了政策支持。

（2）对外部的关系：认证委员会鼓励体育管理专业与外部教育机构或者组织保持合作关系，并且认为，有效的外部合作可获得更多的资源，外部的学生可能有兴趣继续申请体育管理研究生项目，高校可以提供课程转换或者学分转换的标准，为下一步培养研究生做准备。在国际合作方面，专业可在课程与学分设置方面与其他高校有效衔接，并制定转换标准。这样，可以为国际学生提供短期交流的机会，也可为本专业学生提供到其他高校或者国外进行交流学习的机会。体育管理专业的学生通过课程或者合作课程项目，掌握相关的知识技能和经验，有利于学生在外部动态变化环境中有效地处理问题。

（3）与体育产业的关系：在变化多样的体育管理市场中，体育管理专业的学生应该掌握相关知识和技能，并丰富自己实践经验，这样可为将来的就业做好准备。认证委员会期望申请认证的体育管理专业在体育管理教育方面处于领先位置。如在课程设置、课程衔接、学生和师资的培训等方面处于领先位置。同时要求：体育管理专业教育与体育管理实际经营者或者体育组织有实质的联系，通过与体育产业现实的沟通，学生和老师都可以从中受益。产业的从业者可以为学生树立榜样，也可以帮助教师发现真正值得研究的学术主题。学术机构还可以根据实际需求调整课程；也可在举办一些重大论坛时，邀请重要体育产业从业人员进行讲座；邀请成功实践从业人员作为客座教授；或者与企业合作签约，为学生和教师提供更多的实践机会。

在对内、外部关系上，我国高校体育管理专业发展还需要进一步重视与其他学术机构的合作，交流办学经验等。同时，还要与本校的其他专业院系合作交流，特别是综合类院校的体育管理专业，一定要充分利用校内资源，加强与其他优势专业合作，取长补短。此外，专业的发展还要重视与体育产业的结合，为学生提供更多的就业机会，便于教师发现有价值的研究主题，高校还可以及时了解社会需求，培养符合标准的人才。

第四节　加拿大体育专业认证运行机制

本文以"体育运动管理者协会"的认证过程为例，详细阐述加拿大体育专业认证运行机制，具体来说，"体育运动管理者协会"的专业认证可分为以下5个步骤。

一、认证申请的提交及缴费

开设体育教师教育专业的高校需要向认证协调员提交包括自我评估材料在内的完整申请表和其他支持性材料。申请表的内容包括：学校和专业的使命和目标、学位要求、与其他单位的合作活动、教学实验设施、专业所需设备、7年内毕业生人数、教职员工档案、课程教学大纲、学校日历等。在提交认证申请表的同时，认证申请机构还需要向"体育运动管理者协会"的财务部门缴纳相关费用。

二、材料审核及修改

认证协调员将认证材料提交给评审小组，由评审人员对申请材料进行审核，当评审人员需要澄清认证材料时，只能通过认证协调员向认证申请机构进行传达。如果提交的认证材料存在缺陷或需要修正，认证申请机构将有机会重新提交一份认证申请表，以展示其较好地满足了认证标准的要求。通常来说，评审过程必须在18个月内完成或者重新认证。如果申请认证的专业没有达到标准的要求，认证协调员会通知认证申请机构，认证申请机构可选择上诉复审或撤销认证申请。申请认证单位有18个月的时间按照反馈建议进行修改，以满足认证标准。

三、实地考察

评审人员审核认证申请机构的自我评估材料之后，将进行为期3天的实地考察。评审人员会根据认证申请机构的自我评估材料和实地考察结果撰写一份终结性报告，以详细阐述认证申请机构需要改进的地方，并由认证协调员将其转交给认证申请机构，认证申请机构需要向协调员提交一份修改计划书和时间表，以表明自己能够在规定的时间内完成修改。

四、认证声明的颁布

一般来说，整个认证评审过程需要在18个月内完成。如果认证申请机构达到了认证标准要求，评审小组将向认证委员会提出认证合格的建议，一旦"体育运动管理者协会"批准了该建议，将向认证申请机构正式提供一份认证声明，认证有效期为7年，并将认证结果向社会公布。如果没有通过认证，认证申请机构可以撤销认证申请，也可以提起申诉。

五、认证申诉

如果认证申请没有通过，认证申请机构可以提起申诉，申诉的理由包括：评审人员忽视了认证标准、没有遵循规定的认证程序、没有充分考虑有利于认证申请机构的证据。

申诉过程包括5个阶段：①申诉机构在收到认证结果60天以内提起申诉，同时向认证协调员提交一份申诉书面确认书；②提交确认书30天以内，申诉机构向协调员提交一份详细的申诉说明材料；③认证协调员从评审小组中选择一位审查员担任申诉审查主席，负责整个申诉过程；④审查小组对申诉进行听证复审；⑤审查小组向申诉机构和认证协调员提交展示申诉结果的书面报告，该报告是最终裁决，这一决议也代表了认证委员会的意见。

第五节　加拿大体育专业认证体系的特点与启示

加拿大体育本科专业教育质量保障体系分为内部质量保障和外部质量保障两个部分，内部质量保障以大学自身保障为主，外部质量保障以专业认证为主。加拿大高等院校适应社会发展对体育专业人才的需求，对教育质量问题高度重视，并结合国情形成了一套有效、特色鲜明的高等体育专业认证保障体系。

一、加拿大体育专业认证体系的特点

（一）强调高校在教育质量保障中的主体地位

从法律上讲，加拿大的高等院校由省级立法机构授权成立，并自主进行管理和运作，高校有权根据自身需要聘请教师，独立处理诸如招生、课程和教学等内部事务，因此，加拿大大学体育专业教育质量保障的主体理所当然由高校自身负责。虽然加拿大"体育运动管理者协会"和北美体育管理者协会等机构负责体育专业认证工作，但是，它们作为外部质量保障机构，只负责对大学体育专业教育机构的培养目标和使命、师资配备、课程设置、培养方案和学习结果等内容作一些宏观的规定和要求，而其具体的内容及其在教学中的执行则由大学以及体育学院自身负责。因此，加拿大的高等教育机构在体育专业教育质量保障中处于主体地位。

（二）认证机构的独立性

加拿大实行联邦体制和教育分权体制，各联邦政府均有制定教育法律法规的权利，这一体制对加拿大高等教育认证制度产生了深远影响，使其强调非营利性民间机构在教育认证中的作用。"体育运动管理者协会"和"认证委员会"都是全国性的非盈利性体育组织，虽然他们都依法设立，但在行政上却独立于教育行政管理机构。如"体育运动管理者协会"既不隶属于政府组织，也独立于任何利益相关者，如高校、企业、学生组织和学术机构等。"体育运动管理者协会"作为社会专业中介机构秉持为高校提供高质量认证服务的宗旨，虽然认证过程会收取相关费用，但仅作为认证成本而已。认证机构的独立性确保了认证过程中客观公正的对待每一所高校，增强了认证结果的可信性。由于"体育运动管理者协会"是一个独立于政府的机构，因此，其认证过程遵循自愿性原则，加拿大高校参与认证完全是一种自主、自愿的行为，"体育运动管理者协会"并没有强制要求高校参与认证的权利。加拿大联邦政府对通过认证的学生提供奖学金，因此，高等院校参与专业认证的主要目的是获得社会和同行的认可、争取政府的财政拨款和基金会的投资，并获得高质量的生源，而非遵守联邦政府的行政命令。

（三）认证指标的结果导向性

随着世界高等教育大众化的不断发展，各个国家都采取了不同方法来监控和保障高等教育质量，其中以学习结果为导向的认证评估模式发展最为迅速。相对于条件性评估来说，学习成果评估直接指向学生的学习状况，反映了大学教学质量的本质。因此，以学习结果为导向的质量评估已经成为现代高等教育质量保障的新趋势。加拿大高等体育本科专业认证机构很好的把握了这一趋势，体育运动管理者协会以教育结果为依据制定专业认证标准，摆脱了传统评估中过于关注师资、设施等教学外部条件，而通过评估学生的学习结果，把评估的方向转移到培养目标的达成、教学与课程的有效性等内在条件上，以此改进教学和学习，改进学生学习成果、促进学生个体发展。

（四）认证过程的公正性

体育运动管理者协会在专业认证实施过程中除了设置认证委员会和评审小组之外，还特别设置了认证协调员，认证协调员由执委会任命，负责多方面的工作，不仅要搜集整理认证材料、挑选和培训评审小组成员，还要在认证委员会、评审小组、认证院校以及政府机构之间充当联络员，组织召开相关会议，传达专业教育机构的要求和认证委员会以及评审小组最终决定。认证协调员的存在是成熟专业认证制度的体现，既保障了认证实施过程中各利益主体的信息沟通，确保认证过程的顺利推进，又避免了认证申请机构与评审人员的直接接触，维护了认证过程的公正性。此外，被驳回的认证申请机构可以提起申诉，"体育运动管理者协会"会成立专门的审查小组负责申诉过程，确保了认证过程的客观公正。

（五）认证结果的权威性

加拿大体育专业认证以专家评审为主要形式，具有科学的认证标准和严格的认证程序，确保了认证结果的科学权威性。质量认证标准的维度、学习结果和课程体系是认证机构与加拿大体育健康教育部密切合作的结果，而且会随着社会环境的变化、新教育理念的出现而及时完善，保证了标准的有效性和科学性；从认证过程来看，加拿大体育专业认证以自我评估为基础，能够使高校充分认识到自身存在的问题；认证协调员的设置，使认证过程置于社会公众的监督之下，认证结果及时向社会公布，这些都增强了认证结果权威性。

二、对我国体育专业认证体系构建的启示

随着我国体育本科专业规模的扩大，如何构建一套科学合理的专业认证制度成为一个亟待解决的问题。加拿大体育专业认证体系的丰富理论和实践为我

国体育专业认证体系的构建和实施提供了重要参考。

（一）建立准官方的认证机构，确保专业认证的权威性

专业认证是国际通行的高等教育质量保障措施之一，而成立专业的认证机构是认证制度实施的首要条件。加拿大体育专业认证由非官方的机构具体负责实施，公正、独立和非营利性是第三方中介机构开展专业认证的关键。目前，我国还没有针对体育专业开展专业认证工作，为了提高体育专业教育质量，应该借鉴加拿大的认证经验，建立专业的认证机构。当然，我国国情决定了成立完全独立的第三方认证机构是不现实的，因此，应该在政府引导下组建以同行专家为主体的准官方专业认证机构。随着我国体育专业认证实施的逐步完善，可使认证机构由准官方性质向非官方性质逐渐转变，从而最终构建与国际接轨的非官方体育专业认证机构。

（二）组建认证专家队伍，提高专业认证的社会认可度

专业认证能否促进教育质量的提升很大程度上取决于评估人员的素质，因此，建立一支思想水平过硬、业务能力较强的认证专家队伍，是保障体育专业认证顺利开展的重要前提。加拿大体育运动管理者协会由执委会、认证委员会、评审小组和认证协调员组成，这些人员都经过专业培训、认证经验丰富。基于加拿大体育专业认证的经验，建议我国成立"体育专业认证委员会"，认证委员会在性质上属于专业性机构，而非行政管理组织。认证委员会成员的组成应当具有广泛的社会代表性，可吸收包括教育学专家、体育学专家、教育管理人员和一线体育教师等专业人员，并通过学习培训、出国交流等方式，增强认证专家队伍的理论素养和实践能力，以此提高我国体育专业认证的社会认可度。

（三）加强自我评价机制，提高认证参与的积极性

加拿大体育专业认证是一个由诸多环节和步骤组成的系统工程，但起点

是高校的专业自我评估。现代评价理论认为，自我评估有利于拓宽评价的信息来源，获得全面、客观、公正的评价结果，还有助于自我审视、自我反思和自我改造，提高认证效率。虽然我国现在的院校审核评估有内部自我评估的规定，但大都是为应对外部评估而存在的，而非高校自觉自愿的内部评估量。因此，在我国体育专业认证体系构建过程中，有必要借鉴加拿大的认证经验，采用公开认证结果、认证经费资助、高校专业认证奖学金等措施，以充分调动高校参与专业认证的积极性。同时，高校应该充分发挥自我管理意识，结合专业发展需要主动参与专业认证实施过程，以此促进自身专业的建设和发展。

（四）加快体育专业质量标准的研制

专业认证是对高等教育专业质量的鉴定过程，这一过程的前提是参照标准的确立，因此，标准的研制是体育专业认证的基础性工作。2012年，《教育部关于全面提高高等教育质量的若干意见》中指出："建立健全符合国情的人才培养质量标准体系。"基于此，教育部先后颁布了《教师教育课程标准（试行）》《小学教师专业标准（试行）》和《中学教师专业标准（试行）》等一系列教师标准，但是这些标准是针对普通教师的通用型教师教育标准；2018年颁布的《高等学校体育学类本科专业教学质量国家标准》是针对7个体育学类本科专业制定的准入、评估标准，并非针对体育专业认证标准。因此，为了保障我国体育专业教育质量，有必要借鉴加拿大专业认证的先进经验，研究和制定我国体育专业标准指标体系，并以此构建符合国情的体育专业质量标准。

（五）基于能力标准开发体育专业核心课程体系

当前，我国体育专业课程的设置主要遵循布鲁纳结构主义课程理论，秉持学科本位的课程设置理念，重视本学科理论知识的完整性、结构体系的系统性和逻辑层次的严密性，但是，这样的课程体系忽视了知识运用能力的培养，而后者却正是作为高层次体育人才所应具备的核心竞争力。加拿大体育专业课程的设置以学生的相关能力获得为导向，将模块化课程体系中的课程模块等同于能力模块，将学习完成后能够形成的整体能力分解为若干个子能力。例如，为了培养学生的健康促进能力，设置健康教育、身体成长与发育两门课程。同时，通过设置多样化实践课程实现能力培养的目标，如专业认证标准课程体系中，规定每门课程必须至少包括10周的教学实践。通过参与社会实践，提升学生未来的实际工作能力，使理论学习更有针对性。因此，可以借鉴加拿大课程设置的理念，基于能力标准开发体育专业核心课程体系。

第六章
体育专业认证体系的国外经验与国内构建

组织管理理论认为,一个完整的组织体系通常包括要素、结构、功能和运行四个部分。我国体育专业体系的构建,需要根据不同的理论并采用不同的方法。通过对英国、美国、澳大利亚、加拿大四国体育专业认证体系的比较分析,总结出诸多可供借鉴的经验,但是不能完全采取"拿来主义"的态度,应该在我国国情的基础上参考国外经验。本章基于我国体育本科专业建设的现实条件,参考国外体育专业认证的有益经验,从顶层设计的角度构建我国体育专业认证体系。具体来说,本文提出了我国体育专业认证体系的构建原则和意义,并从组织框架、体系要素和职责划分等方面进行了整体设计,最后提出了我国体育专业认证体系的运行机制。

第一节 体育专业认证体系的国外经验

他山之石,可以攻玉。美国、英国、澳大利亚和加拿大四国在体育专业认证理论和实践方面进行了长期探索,综观这四个国家体育专业认证制度的发展历程和体系内容,不难发现他们存在着一些共同的特征,并且积累了诸多有益经验,吸取他们的有益经验对于我国体育专业认证体系的构建具有重要的借鉴意义。

一、完善的认证法规保障

众所周知,颁布和实施教育法规是现代高等教育发展的显著特征之一。

从西方发达国家高等教育领域的发展进程来看，每当教育问题涉及国家的根本利益时，各国都不约而同的将解决问题的路径诉诸法律，期望通过出台一系列相应的政策法令条文，以明确规范的形式来对教育问题进行干预，最终促进国家教育稳定、持续而高效的发展。因而"教育立法"就成为西方国家干预高等教育发展的主要方式。各国政府在高等教育领域通过立法的形式，将出台的政策制度化、规范化，在制度上为高等教育的发展提供了坚实、有效的法律基础保障。同样，体育专业认证制度的发展也离不开法律法规政策的支撑。通过对美国、英国、澳大利亚和加拿大四国体育专业认证体系构建过程的分析，可以发现他们通过建立健全法律法规体系，将高等体育专业认证体系工作置于有法可依、有章可循的轨道上，从而确保了体育专业认证体系运作的可持续性。

以美国体育教师教育专业认证体系为例，早在1815年，美国俄亥俄州立法部门就颁布了美国教师证书法令，规定了教师的入职标准、资格审查和证书的颁发等，这标志着美国早期教师资格制度的确立，同时也标志着政府对教师职业进行规范化管理的开始。第二次世界大战期间，美国政府在征兵的过程中发现很多青年的身体素质不过关，这种状况引起了美国政府部门的高度重视。因此，自1940年起，美国政府强制在38个州建立公共体育师范学校，这使得体育教师培养规模进一步扩大。20世纪80年代以来，为了提高教师培养质量，美国政府和相关机构相继出台了一系列针对教师素质管理与培养的政策与法案。如1984年《艾森豪威尔专业发展计划》颁布，该计划由艾森豪威尔基金会颁布，其内容主要涉及教育改革、教师专业发展，教师资格认证制度也从中受益，得到了具体支持，该计划成为1994年《初等和中等教育修正法案》授权修正改革的基础之一。此外，美国优质教育委员会先后在1983年、1985年颁布了《国家处于危险之中：教育改革势在必行》《教师教育变革的呼唤》，这些文件的颁布直接推动了体育教师专业标准的制定。

进入新世纪，美国更是从政府层面进一步强化教师培养质量的提升。如2001年美国政府颁布《不让一个孩子掉队法案》，该法案是21世纪以来美国联邦政府最具影响力的教育法案之一，该法案在美国历史上第一次以立法的形式对教师质量作出了明确的界定，法案还提出了中小学高质量教师的具体标准和要求等。《不让一个孩子掉队法案》对于提升包括体育教师在内的基础教育教师整体质量具有十分重要的作用,而对于美国体育教师专业认证体系的完善也有着极大的推动作用。此外,2011年美国联邦教育部颁布了《我们的未来,我们的教师》,这是奥巴马担任美国总统以来所颁布的最有影响力的教育政策,更加凸显了职前教师培养工作的重要性,并且提出了卓越职前教师培养的评价标准和发展方向,确保了美国高等院校培养出社会所需要的卓越教师。高等院校体育专业认证的正常运作和持久开展,必须有相应的法律法规作为保证。美国通过建立健全法律法规体系,将高等体育专业认证制度置于有法可依、有章可循的轨道上,从而确保了体育专业认证制度的有序运行。

二、独立多元的认证组织机构

综观国外体育专业认证组织,大部分是独立、自治的机构,无论这些机构是国家专门立法成立的还是独立于大学和政府的中间机构,他们在认证标准的制定、认证流程的实施、认证方式或认证结果的发布等方面,皆不受政府的直接干预和控制。例如,英国的高等教育质量保障署是一个非官方性质、非营利性的中介组织,其经费来源为基金委员会的合同拨款和大学上缴的费用,主要对学生、社会和高校负责,它虽然接受政府委托承担对高等教育机构进行质量保障的任务,但其具体工作不受政府直接控制,而是由独立的理事会负责领导;美国体育专业认证机构一般属于非营利组织,而且为了提供更好的服务,同类体育专业往往有多个认证机构,不同机构之间相互竞争,共同促进体育专业教育质量的提升;澳大利亚教学与校务指导协会是由政府成立的具有官方性质的公司,虽然协会的运作资金由政府资助支持,但是其运作服从《公共治理法》和《绩效与责任法》的规定,完全按照公司章程运作,并由独立的董事会作出决策;加拿大体育教育与运动学管理者协会也是一个由大学体育学院领导者组成的中介协会。体育专业认证机构的独立与自治,对于确保高等体育专业认证的公正性和有效性具有重要意义。

此外,国外体育专业认证机构也体现出多元性,如英国与体育专业认证相关的机构包括英国高等教育质量保障署、国家教学与领导学院和英国体育运动科学协会,这3个机构分别从不同层次保障体育专业教育质量,其中高等教育质量保障署从宏观角度以院校审核的形式保障高等教育质量,其审核依据是体育《学科基准声明》和《专业规范》；国家教学与领导学院负责体育教师教育专业的质量保障和认证工作；体育运动科学协会负责其他体育科学类本科专业的认证工作。

再如美国的体育专业认证机构可分为3个层次。

首先是宏观层面的认证管理机构。美国联邦教育部作为美国唯一的官方机构，对从事高等教育专业认证的机构进行监督。高等教育认证委员会作为美国的非官方机构，是认证的支持者，高等教育认证委员会代表认证机构、院校，承担着对美国所有高等教育认证机构认可的责任。联邦教育部和高等教育认证委员会两个机构从宏观层面代表政府对美国高等教育认证机构进行管理，所有从事体育专业认证的机构都必须通过这两个机构的认可才有资格对高校专业进行认证。

其次是中观层面的认证决策机构。这类机构与多个单项认证协会合作，负责认证的宏观管理、标准制定以及最终认证结果的决议，但不负责具体的认证实施工作。如成立于2010年的美国教师培养认证委员会是美国教师教育专业的认证机构，2013年教师培养认证委员会与900多所高校达成了认证实施协议，负责包括体育教师教育专业在内的所有教师教育专业认证工作。此外，教师培养认证委员会的认证服务范围包括国内外所有提供学士、硕士、学士后及博士学位的教师培养机构。再如，成立于1994年的美国联合健康教育专业认证委员会也是一个由高等教育认证委员会认可的专业认证机构，目前联合健康教育专业认证委员会已经与29个单项认证协会合作开展认证活动，已经在30个健康科学职业领域内认证了2100多个相关专业，认证的专业包括医学类、体育类、医师类、艺术类等。

最后是微观层面的单项认证实施机构。一般来说，单项认证实施机构隶属于中观的认证决策机构，他们是认证决策机构的附属机构，单项认证实施机构只负责一个专业的认证实施工作，包括认证申请管理、材料审核、实地考察、认证联络与认证建议等。如美国体育教师专业认证工作由美国体育运动国家协会具体负责，美国运动科学专业认证工作由运动科学认证委员会具体负责实施。

从认证机构的性质来看，美国体育专业认证体系的组织机构可分为官方和非官方两种，美国联邦教育部作为官方机构主要从宏观上对认证进行政策性指导，履行监督和调控的职责，非官方的认证机构负责在操作层面落实具体实践，如教师培养认证委员会、教练教育国家认证委员会、体育管理认证委员会和运动科学认证委员会等，这些认证机构都属于独立自治的组织，虽然接受联邦教育部的认可，但联邦教育部不会干涉认证机构的具体工作，这些独立的认证机构都有自己的董事会、职业认证协调员和认证专家库，他们作为政府、高校和社会三方联系的桥梁，承担着高等院校体育专业教育质量保障的主要责任。

三、能力导向、类别多样的标准体系

自20世纪七八十年代以来，随着世界各个国家对高等教育质量的重视，标准被引入到教育领域。21世纪以后，发达国家先后颁布并实施了不同体育专业的认证标准，例如英国高等教育质量保障署于2008年颁布了体育《学科基准声明》，美国教师培养认证委员会2016年颁布了体育教师教育机构标准，澳大利亚运动与体育科学协会于2014年颁布了运动科学、体育科学两个专业的认证标准，加拿大管理者协会在2012年颁布了运动机能学和体育教师教育专业认证标准，这对推动整个体育专业教育质量的提升不无裨益。综观国外体育专业认证标准的具体内容，体现出以下两个方面的特点。

（一）能力导向

能力本位教育是20世纪60—70年代美国出现的一种新的高等教育模式，这种教育模式一直影响着体育专业标准的制定。如美国学者休斯顿指出，能力是指在接受了适当的培训以后符合某种资格要求，然后才开始进入专业生涯，它与资格制度的要求有直接的联系。综观各国体育专业标准的具体内容，都体现出能力导向的特征，如澳大利亚运动与体育科学协会认证标准中，通过应用"阐述""识别""掌握""分析""演示"等能动词描述学生的学习结果；英国体育学科基准主要从基础知识的掌握和理解、基本技能的掌握和展示、实践能力的培养与应用三个方面对学生的学习结果进行评价，包括知识和理解、科研探究能力、独立自主能力、沟通交流能力、自我掌控能力、实践技术能力等。美国体育专业标准内容特别强调毕业生应该掌握什么，应该能做什么，即从5个方面描述学生的能力：认知能力、行为表现能力、学业成绩能力、情感表达能力和探索能力。美国健康与体育教育协会规定体育教师需掌握生理学、生物力学、动作学习、动作发展、历史学和社会学等领域的基础知识，并能够在体育教学实践中加以运用，并且要具备基本的交流沟通能力、教学反思反馈能力、突发事件应变能力和教学环境创设能力，主动探索专业知识和实践，提升自身专业能力。

此外，从美国运动科学专业课程标准来看，更是凸显了能力本位的培养理念，如《健身与健康评估》课程包括运动前的健身筛查和评估、体能评估和锻炼计划、健康参与者和疾病患者健身评估、心肺功能的评估与解释、肌肉力量、耐力和灵活性评估、身体成分的测量和评估7个领域，运动科学认证委员会针对每个领域又分别从认知和技能两个角度对学生的学习结果进行阐释，对于认知性知识一般采用"了解""感知"等动词进行描述，如"了解次最大和最大心肺功能评估方案""了解血压测量技术""了解测量收缩压和舒张压的克洛特夫声音测定方法"等；而对于技能则采用"解释""测定""采用""掌握"等动词进行描述，如"识别主要骨骼、肌肉和关节""掌握肌肉力量、肌肉耐力和灵活性的评估方法（如最大力量、手握肌力、俯卧撑、仰卧起坐、坐位体前屈）""采用较低阻力测试最大力量""解释肌肉力量、肌肉耐力和灵活性评估的结果"等，从以上动词的运用中可以看出，美国体育专业认证的最终目的是促进学生掌握一定的技能，从而具备成为一名职业运动康复师的基本能力。可见，与传统的投入性评估模式相比，构建以能力为导向的质量标准体系已经被大多数发达国家所接受，这体现了世界体育专业认证体系的最新发展趋势。

（二）类别多样

专业标准是针对专业人才培养过程所制定的准则和要求，而教育机构、课程和职业与高等教育专业人才培养息息相关，因此，英国、美国、澳大利亚、加拿大四国体育专业认证标准包括多个类别，如英国体育专业认证标准包括体

第六章 体育专业认证体系的国外经验与国内构建

育学科基准声明、体育教师教育认证标准、体育运动科学认证标准三个类别；而澳大利亚体育专业认证标准则包括了高等教育质量认证标准、运动科学和体育科学专业标准、体育教师教育标准。美国体育专业认证标准更是多种多样，美国体育专业认证机构颁布了与人才培养相关的教育机构标准、课程标准和职业标准，并将这三个类别的标准作为认证的重要依据。

首先，职业性是美国高校体育学科专业设置的特征之一。美国是典型的分权制国家，高等院校拥有自主设置学科专业的权利，一般来说，社会上有什么样的职业需求，大学就开设相应的专业。因此，认证组织机构在专业认证实施的过程中会颁布相应的职业标准，并以职业标准为准则对学生进行评审和认定，如美国教师培养认证委员会按照体育教师专业标准对职前体育教师进行审核，并将审核结果作为认证结果的重要参考；教练教育国家认证委员会也颁布相应的教练员标准。

其次，体育专业人才的培养依附于高等教育机构。教育机构为人才培养提供了必要的师资、课程、设施等支持性资源，也是高等院校体育专业人才培养的基础保障。因此，美国体育专业认证机构把教育机构标准作为认证的基础性条件，如美国教师培养机构认证委员会颁布教育机构标准，并从教师知识和技能、机构自评体系、教学实践、多样化、教师资质、机构管理等方面对教师培养机构进行评价；教练教育国家认证委员会也颁布了机构标准，其内容包括专业使命、专业师资、课程教学和学生学习4个方面。

最后，课程是专业人才培养的依托。不同类别课程的组合便构成了某一个专业，因此课程质量的好坏直接决定了专业教育质量的高低。鉴于此，在颁布职业标准和机构标准的基础上，美国体育专业认证机构制定专业核心课程标准，并以课程标准为依据，在认证过程中要求培养机构配备高质量的课程师资，提交完备的课程教学资料，同时在认证实地考察中将听课、学生访谈、教师访谈作为对课程教学效果的反馈。如美国体育管理认证委员会将课程教学作为专业认证的一个维度，分别从专业课程设置、通识课程设置、课程内容的宽度与深度、课程评价与改进、课程设置人员资格等方面对体育管理专业课程进行评价；美国运动科学认证委员会针对5门核心课程，分别从学习领域和学习结果两个方面制定了详细的学习要求。

四、精简的专业核心课程

专业核心课程是指可以体现专业特有面貌、反映学科基本原理且不会随着时间推移而有较大变动的优质课程。学生通过核心课程的学习，可以掌握该专业的核心知识体系，进而能够形成专业核心素养。体育专业作为高等院校设置的专业之一，必定存在着区别于其他学科专业的核心知识和课程体系，以体现体育专业的自身特色。因此，国外体育专业非常重视核心课程的设置，并且都把核心课程的设置作为体育专业人才培养过程不可分割的一部分。如澳大利亚运动与体育科学协会规定了15个专业领域，这些专业领域也是核心课程，即生物力学、运动训练学、运动生理学、运动处方、功能解剖学、人体成长与发展、运动评估、运动心理学、人体解剖学、人体生理学、动作控制与学习、营养学、身体活动与健康、专业实践、科研方法与统计学；英国体育学科基准声明规定了以下5个方面的知识体系，即生理，人体对运动的反应和适应；技能，运动技能的提高、监控和分析；健康，健康和疾病管理方面的锻炼活动；文化，体育在历史、社会、政治、经济、文化方面的传播和影响；管理，体育运动的政策、规划、管理和提供，并要求体育类专业需开设两个或两个以上类别的知识体系。2009年美国运动学协会经过充分协商，认为体育专业课程体系应该包括以下4个方面的内容，即体育保健、运动康复方面的知识；体育运动的科学基础知识；体育文化、体育史、体育哲学方面的知识；运动实践性知识。

美国不同体育专业的认证协会一般在美国运动学协会规定的基础上，划定本专业的核心课程。如美国体育管理认证委员会规定体育管理本科专业必须包括以下6个领域的课程：其一为社会、心理和国际体育管理基础类课程，包括体育管理原理、体育领导、体育运营管理、项目及场馆管理和体育行政管理；其二为体育道德类课程，包括体育道德；其三为体育市场营销和交流，课程包括体育市场营销、交流与沟通等；其四为金融、财务和经济类，课程有体育金融原理、会计和体育经济等；其五为体育法律，包括体育政策、法规等课程；其六为综合类课程，如实习、管理政策与战略、毕业论文等属于这个范围之内。虽然体育管理认证委员会对参与认证的体育管理专业没有具体课程设置要求，但是，体育管理认证委员会要求各个体育管理专业的课程设置在内容上必须包含上述领域。此外，美国运动科学认证委员会也规定，所有开设运动科学专业的高等教育机构必须开设以下5门核心课程，即健身与健康评估、运动处方、锻炼规划、法规制度和健身管理，并且给出了每门课的能力指标，这些能力是运动科学专业毕业生必须具备的核心素养。

五、规范的认证流程

认证运行机制是指认证机构按照标准对专业教育质量进行评审认定的流程。具体来说，是指认证机构依据一定的标准、针对特定的对象、采用一定的程序进行质量监督和保障的过程。从美国、英国、澳大利亚、加拿大四国体育专业认证体系来看，国外体育专业的认证流程均包括以下几个基本环节，即前期准备、中期审核与考察、后期总结与执行（表6-1）。

表6-1　国外体育专业认证流程表

阶段	英国（QAA）	美国（NCATE）	澳大利亚（NUCAP）	加拿大（CCUPEKA）
前期准备	举行预备会议、递交审核材料、确定审核人员	院校初步评估、专业注册、准备认证材料	提交认证申请、认证表格和费用	提交认证申请表并缴纳认证费用
中期审核	两次进校访问：了解学校状况、审核材料、召开学生、教师代表会	认证文本的提交与审核	成立评估小组，实地走访，召开学生、教师及实习导师座谈会	评审与修正，发布通过认证声明
后期总结	公布审核结果、提交改进说明报告	提交反馈报告与文档、重新认证	撰写认证意见书驳回认证申请，整改后再次申请认证	提起认证申诉、公布裁决意见

前期准备阶段以高校自我评估为主，包括指定认证申请负责人、提交认证申请、上缴认证费用、准备认证材料，同时外部质量审核机构会与高校沟通，就评估时间、评估流程等环节与高校达成协议。高校自我评估是前期准备阶段的主要任务，例如，美国教练教育专业的初步评估要明确以下内容：专业使命与目标、专业管理人员、教师和教练员、课程内容、教学设计、课程规划、教学文档，从中发现专业教育中存在的问题，以确定是否符合教练学教育认证委员会的认证要求。加拿大也不例外，开设运动机能学或体育教师教育专业的高校提交的认证申请表内容包括：学校和专业的使命和目标；学位要求；与其他学术专业单位合作活动的描述；实验室教学设施的描述；专业所需设备的描述；过去七年毕业生人数；教职员工档案；所有课程的教学大纲；学校日历。前期准备或提交的认证申请表都是高校自身对其专业教育质量管理过程的认识和反思，以及提供证据证明高校采取了哪些措施来改进教育质量。

中期审核主要包括两个方面的内容：一是根据相关标准审核高校的评估报告，从文字中形成对高校体育专业教育现状的整体认识；二是实地考察，搜集证据，从与教师、学生、用人单位或实习单位的交流沟通中了解体育专业教育现状，保证体育专业教育质量评估的真实可信。通过中期考察和审核了解和掌握高校体育专业办学基本状况，明确了存在的问题和有待改进的方面，并为最终认证鉴定结果的确定提供依据。

评估总结与执行阶段是最后一个环节，认证机构根据认证文本和实地考察的材料，撰写评估报告，以评论高校在专业建设或质量保障方面所采取的措施，取得的成效和存在的问题，并将结果反馈给学校，要求学校进行整改，评估报告要公布于众接受社会监督。同时对高校的专业认证申请作出决定，即通过、有条件通过或不通过。高校可以根据认证结果在一定期限内做出修改，重新提交认证。如果对认证结果有异议也可申诉，由独立的申诉机构进行最终裁决。

六、公平的认证运行机制

体育专业认证是认证机构与受评单位之间相互交流的过程，也是两者之间审核和被审核的过程，因此，确保认证过程的公平性是认证机构工作人员的基本素质要求，也是受评单位的基本诉求。综观各国体育专业认证过程，每个国家都采取了相应措施，以确保认证工作的公平运行。本文以美国为例进行详细阐述，美国体育专业认证制度的公平性体现在以下3个方面。

首先，认证机构的独立性。美国宪法规定，州与各地政府对各自区域的教育负责，这一传统对美国高等教育专业认证产生了深远影响，使其强调民间、非营利的认证机构在高等教育质量保障中的重要作用。虽然美国体育专业认证机构会接受来自政府的财政补贴，但是每个认证机构的章程中都明文规定自身为独立、自治的机构，其认证质量标准的制定、评估方式和认证结果的发布，皆不受政府的直接干预和控制。如美国教师培养认证委员会是在全美教师教育认证委员会和教师教育认证委员会的基础上成立的一个非官方、自愿性的认证机构；教练教育国家认证委员会是由美国健康与体育教育协会派生出来的一个非政府的、第三方认证机构，它既不隶属于政府，又相对独立于任何教育机构或教育利益组织，在其进行专业认证过程中保持高度的独立性；体育管理认证委员会受美国联邦教育部和高等教育认证委员的监督和管理，其成员主要由体育管理教育机构代表、体育管理专家等专业人员组成，也是具有第三方性质的非政府、公益性机构；美国联合健康教育专业认证委员会及其下属机构运动科学认证委员会都是非营利性组织。以上认证机构介于政府、学校和社会中间，对于保障认证结果的公正性和有效性具有重要意义。

其次，保障受评机构的权益。如果受评机构对认证结果存有异议可以提起申诉，例如，美国教师培养认证委员会章程规定，认证决议结果公布之后，教师培养机构可以针对否决认证或撤销认证的决议结果提出复议或申诉。在此过程中，教师培养机构可向教师培养认证委员会提交正式的复议或申诉书面文件，以便重新审议撤销或拒绝的认证决议，教师培养认证委员会的工作人员将对教师培养机构的请求进行初步审查，随后，将该请求提交给认证委员会主席和副主席，他们将以投票的形式决定是否向全体委员会成员提交该请求。如果接受了申诉请求，教师培养认证委员会的董事会主席从认证申诉委员会成员中挑选5位成员以组成申诉小组，申诉小组通过查阅认证委员会接触到的所有文件（包括教师培养机构的自评报告、实地考察团队的报告以及其他补充性资料），并查看教师培养机构的申诉书和财务报表。在此基础上，申诉小组给出最终的认证决议。通过申诉可以保障受评机构的权益，也避免了认证过程中可能存在的瑕疵,体现了认证过程的公平性。

最后,避免利益冲突。体育专业认证工作是由具体的人去实施的,人与人之间的交往过程不可避免地会有利益冲突,进而影响认证过程的公平合理性,为了避免这种情况的发生,美国体育专业认证机构在认证章程中都会作出明文规定。例如,运动科学认证委员会要求所有相关的人员(会员、工作人员、实地考察人员、顾问和其他代表)都应保持高标准的职业精神和诚信态度,在认证评审过程中必须符合保密要求,同时要求实地考察人员拒绝承担可能与自身利益存在冲突的任务,包括实地调查单位与个人的亲密朋友、竞争对手、前同事、前学生或亲戚,以及该单位是自己曾经的受雇机构,以及考察成员曾经担任该单位的顾问或其赞助机构的顾问等。此外,运动科学认证委员会要求实地考察团队成员必须签署保密声明,不能与机构代表以外或认证过程的任何人讨论机构认证方面的任何信息;在实地考察评估期间或认证过程结束之前,不能面向受评机构参加任何形式的个人招聘或求职活动;不得接受与评估机构相关的任何个人礼物、优惠或服务;必须客观、公正,严格按照《认证标准与指南》对专业进行评估,坚决拒绝考察人员对标准存有任何质疑。这些措施都是为了保障认证过程的公平合理,以确保认证结果的权威可靠性。

第二节 体育专业认证体系的国内构建

一、我国体育专业认证体系的构建原则

(一)立德树人原则

学校是培养人才、成就人才的地方,人才的培养是一个长期、系统的工程。通过体育专业教育使学生成为社会需要的专业人才,而成才必须先成人。学生要想成为合格的专业人才,必须具备基本的道德意识和规范、诚信、礼仪,遵守社会公德和学校的规章制度,并且要具有正义感和责任心,具有良好

的行为习惯和道德品质,具有正确的世界观、人生观和价值观。2013年11月5日正式颁布的《中共中央关于全面深化改革若干重大问题的决定》中提出:"坚持立德树人,加强社会主义核心价值体系教育,完善中华优秀传统文化教育,形成爱学习、爱劳动、爱祖国活动的有效形式和长效机制,增强学生社会责任感、创新精神、实践能力。"2014年12月28日在全国高等学校党建工作会议上,习近平总书记指出:办好中国特色的大学,要坚持立德树人,把培育和践行社会主义核心价值观融入教书育人全过程。可见,立德树人已经成为党和国家领导人最为关注的事情,高等教育坚持立德树人的原则也是深化教育领域改革的目的性要求和基本导向,自然也是构建体育专业认证体系所必须坚持的原则。

从国外体育专业认证体系的内容来看,发达国家体育专业人才培养过程都有自身的道德要求,例如英国体育《学科基准声明》中通识教育标准规定,学生必须能够识别职业行为规范的道德、伦理、可持续性和安全等问题,并做出相应的反应,能够有效地与人沟通、演示技能,高效地独立工作及与他人合作,以及具备对实践的自我评价和反思能力。澳大利亚运动与体育科学协会把关注顾客的多元性和平等性,遵守职业行为准则和道德实践要求作为毕业生七大核心能力指标之一;澳大利亚教学与校务指导协会职前教师国家标准也规定:理解和应用教师职业道德规范和行为准则,理解不同阶段学校对教师的法律、行政和组织要求,具备与父母密切有效合作各种策略,理解外部专家和社区代表在扩张教师专业知识和技能方面所具有的作用。此外,美国新旧两版体育教师教育标准规定,职前体育教师必须参加团队活动,展示出与高标准教师职业道德一致的行为,教师的日常言行举止必须秉持职业道德、伦理实践和文化素养,做到令人敬佩和尊重。鉴于此,在我国体育专业认证体系构建过程中,须坚持立德树人的基本原则,即通过体育专业认证标准和认证实施流程等具体内容的构建,不断提高我国体育本科专业学生的思想水平、政治觉悟、道德品质和文化素养。

(二)中国特色原则

高等教育专业认证发源于西方高等教育财政吃紧的窘境,经过几十年的发展，以美国为代表的西方发达国家已经建立起了符合其自身特色的体育专业认证保障体系，具有了成熟的认证理论和实践经验，并且在经济全球化的推动下，高等教育专业认证的国际化进程在加快，正在逐渐形成国际高等教育质量保障网络平台。作为世界高等教育规模第一的我国，面对这样的国际环境，如何构建我国的体育专业认证体系，需要基于我国国情从长计议。在这一过程中，需要在有效加强国际交流合作、充分借鉴国际经验的基础上，建立一个立足于我国高等教育发展现实需求、体现中国特色的体育专业认证体系。

坚持构建具有中国特色的体育专业认证体系主要体现在以下两个方面：一是尊重中国体育本科专业教育发展的传统和现实，民国时期我国体育专业以美国为学习模板，主要培养体育师资；建国初期的体育专业设置受到苏联的影响，按照运动项目分类设置；"文革"之后，总结体育专业发展的经验，根据我国国情逐步完善和调整体育专业设置和分类；20世纪末大学扩招之后，不同类型的、不同层次的高校纷纷设置体育学类本科专业，体育专业的发展面临着新机遇和新挑战。我国体育专业在长期发展探索中已经形成了以学科评估、专业排名为主要形式的质量保障制度、体系和措施，在构建新的专业认证体系时必须予以充分考虑。二是符合中国体育专业教育质量保障的制度背景。与西方国家的分权制不同，在我国长期的历史发展中一直实行的是中央集权制度，而社会中介力量发展薄弱，新的体育专业认证体系的建设也不能脱离这一制度环境，必须受到中国国情这一现实条件的制约。

（三）多元参与原则

专业认证体系的有效性取决于利益相关者之间的相互合作，体育专业认证体系涉及政府、学校、学生、家长和用人单位等多个利益相关者，构建体育专业认证体系时不仅要充分考虑不同利益主体的诉求，而且要充分发挥不同利益相关者在认证实施过程中的功能和作用，形成以政府为主导、学校为主体、社会中介积极参与的相互制约、相互平衡的认证体系。

在我国，以教学评估为主要形式的教育质量保障活动一直由政府主导并直接组织实施。《中华人民共和国教育法》和《中华人民共和国高等教育法》也将评估的权利赋予政府。政府具有强制性、权威性和动员性等特点，但政府作为单一主体也会导致出现管办评不分的问题，政府既当裁判员又当运动员，其评估的公正性、客观性不能得到有效保障。在国家简政放权的大背景下，体育专业认证体系的构建要凸显政府的分权，以推进"管办评"分离的制度设计，代表政府的教育部门主要负责相关法律的制定，并创造良好的认证环境，并从宏观上进行总体规划、指导、协调和监督，起到宏观调控者、信息提供者和规则制定者的作用。

高校是体育专业人才培养的主体，也是体育专业教育质量保障的主体。在施行教学评估之前，我国体育专业教育质量保障一直由高校自身负责。自从施行教学评估以来，高校教学评估由政府主导，高校在体育专业教育质量保障方面的作用日益式微，高校在专业教育质量保障中处于被动地位，这种本末倒置的权利设置导致了高校疲于应对外部评估而无法发挥自我诊断、自我改进和自我提高的作用。因此，在体育专业认证体系的构建中，要充分发挥高校教职员工的主体性、自觉性和创造性，充分发挥高校的办学自主权和主体地位。

加快我国服务型政府的建设，要求改变政府直接管理学校的单一方式，同时鼓励各种社会力量积极参与教育管理，积极发挥各类社会组织在教育管理中的作用，以形成多元治理的高等教育质量保障体系。就我国体育专业认证体系构建来说，充分发挥专业协会在质量保障中的重要作用，以事业单位改革为契机大力培育体育专业认证评估中介机构，支持和鼓励各类体育学会、社会团体参与到体育专业认证体系之中。

（四）精简长效原则

2003—2008年开展的全国普通高等学校本科教学工作水平评估，结果分为优、良、合格和不合格四个等级。这种等级评估使得高校过分追求评估结果忽视评估过程，重视学校硬件建设忽视软件建设，个别学校甚至弄虚作假、铺张浪费、超标准接待，不仅浪费了大量人力、物力和财力，而且把评估作为一种阶段性任务，评估过后一切照旧。2009年开始的针对新建院校的合格评估，以及2014年开始的审核评估，在评估过程的经济性方面有所改善，但新的评估方式没有解决评估的长效性问题。2018年审核评估之后，如何以新的形式开展高等教育质量保障，是新形式下学界普遍关注的问题，2017年开始的师范类专业认证为我国新的高等教育专业质量保障体系构建指明了方向，相对于之前的院校审核来说，专业认证深入到学院和专业层面，能够更加深入地了解学院专业建设的基本情况。因此，构建我国体育专业认证体系时应该做到尽可能的精简，避免给高校或体育院系造成额外的负担，避免内部设置累赘机构或岗位，在专业认证机构的设置上尽可能地优化资源配置，节约资源。同时，注重教育质量保障长效机制的建设，在内部质量保障上充分利用教育部开发的高校教学基本状态数据库信息，及时诊断教学基本状态和质量，并据此采取有针对性的质量改进措施。在外部质量保障方面，强调专业认证的周期性，以便达到持续、长效改进体育专业教育质量的目的。

（五）全面综合原则

目前，我国体育专业教育质量保障体系可分为两个部分，即内部质量保障体系和外部质量保障体系。其中，内部质量保障体系由学校和体育学院（系）负责，外部质量保障体系主要是指包括合格评估和审核评估在内的高校本科教学评估。然而，在现行的体育专业教育质量保障体系中存在一些缺陷，如高校对外部评估投入极高的热情，忽视内部的自我评估，缺乏加强内部质量管理的动力；外部质量保障由代表政府的教育部负责，缺乏社会中介力量的参与，而且所有本科专业采用统一的评估标准，没有针对不同专业开展分类指导、分类评估，无法体现体育类专业教育的自身特色。

因此，新的体育专业认证体系应坚持全面综合的原则，具有以下几个方面的要求：一是认证主体参与的全面性，高校、政府、学生、社会相互协作，政府主导、高校主体、社会参与、学生反馈，不同主体分工协作、以外促内；二是认证层次的全面性，在微观层面以学院自评和填写教学基本数据为基础的一级监测认证，在中观层面以学校向省级教育行政部门提交认证申请而开展的二级认证，在宏观层面教育部评估中心为主体开展的三级认证，从微观、中观和宏观三个层次全面保障体育专业教育质量；三是保障过程的全面性，新的体育专业认证体系除了强调标准建设和评估实施之外，更加强调教育质量持续改进体系和问责体系的构建，从而形成一个完整的教育质量保障环路，全面促进体育专业教育质量的提高。

二、我国体育专业认证体系实施的阶段过渡

（一）由试点实施到全面实施

体育专业认证是对我国目前院校审核评估的制度创新，院校评估为体育专业认证积累了经验、奠定了基础，但是毕竟两种形式的评估所面对的对象不同。因此，应该在借鉴院校评估的基础上有针对性地开展体育专业认证试点。体育专业认证试点可分为两种模式：一是针对不同类型高校的试点；二是针对体育学类不同专业的试点。根据我国体育学类本科专业设置在不同类型高校的现状，可以先从体育专业院校、师范类院校、综合性大学中各选择一所院校进行试点。同时，由于体育教育专业设置历史悠久、数量众多，专业建设比较成熟，并且部分高校的体育教育专业已经同步参与师范类专业认证，积累了认证经验，因此，可以首先选择体育教育专业进行试点。为了避免出现双重认证、浪费资源的问题，可由教育主管部门作出相互认证认可的制度安排，即高校体育教育专业既可参与师范类专业认证，也可参与体育类专业认证，无论参与哪一方的认证，其认证效果相互认可。通过试点工作为全面开展体育专业认证积累经验，以点带面，以推动我国体育专业认证制度的全面开展。

（二）认证机构由准官方性质逐步转向独立自治

考虑到我国国情和体育专业建设的特征，我国体育专业认证体系的实施应该首先成立准官方的认证机构。准官方性质的体育专业认证机构有政府的参与和支持，可以获得必要的经费和物质支持，以此保障体育专业评估过程的权威性，同时能够提高体育专业认证结果的认可度。但是随着我国"建设服务型政府""简政放权"等改革措施的逐步到位，准官方的体育专业认证机构会逐步转向独立自治，政府仅仅通过立法、拨款、信息服务的方式对专业认证进行指

导。由独立自治的机构实施认证也是发达国家体育专业认证实施的普遍模式，这也体现了我国体育专业认证的国际化发展趋势。

（三）由被动接受转向自愿参与

在体育专业认证实施的初期，由于院系评估的巨大惯性和体育院系对专业认证存在认识偏差，体育院系必将存在排斥认证的心理。因此，为了保障专业认证制度的顺利实施，有必要由政府出台相关规定，即在一定期限内强制开设体育本科专业的院校接受专业认证。但是，随着体育专业认证工作的开展，专业认证将有效改善体育专业教育的课程体系和培养模式，满足社会对体育专业人才的需求，提高体育专业人才培养质量，因此，体育院系会逐渐改变对专业认证的认知。同时，政府也将改变强制参与认证的规定，即转变为与政府拨款、评奖、招生等诱致性条件相挂钩，在内、外双层动力驱使下，体育院系将逐渐由被动接受转为自愿参与认证。

（四）逐步实现专业认证的国际认可

在全球经济一体化的背景下，教育的国际化发展已是大势所趋，为了保障我国体育专业人才流动的国际化，从而获得国际认证，在我国体育专业认证实施的过程中，应该积极参照国际标准，按照国际惯例、标准和程序实施体育专业认证。在具体操作层面，可以适当聘请国外专家担任认证委员，积极参与跨国教育组织，不断提高体育专业认证的科学性和规范性，达到国际专业认证的要求，从而最终实现与国外体育专业认证的互认。此外，在参与国际认证的同时，可积极向世界各国输送我国体育专业认证的有益经验，借此讲好中国故事，推广中国经验。

三、我国体育专业认证体系的运行程序

我国师范类专业认证制度已经运行了5年，其构建了一套完善的运行机制；此外，国外体育专业认证体系也具有详细的运行程序。因此，在构建我国

体育专业认证体系的运行程序时，可参考国内外的有益经验。

（一）我国师范类专业认证工作程序

我国师范类专业认证采取三级认证管理体系，第一级认证采取网络平台数据采集方式，对包括体育教育专业在内的师范类专业办学基本信息进行常态化监测。第二级、第三级采取专家进校考察方式，对师范类专业办学质量进行周期性认证。鉴于我国大部分高校体育教育专业都需要通过二级认证，因此，本文以二级认证为例介绍师范类专业认证工作程序。

1. 申请与受理

有三届以上毕业生的师范类专业，经学校同意后，可向教育评估机构提交认证申请，其中地方高校向省级教育行政部门委托的教育评估机构提交认证申请，中央部门所属高校向教育部评估中心提交认证申请，教育评估机构组织专家依据受理条件进行审核。审核通过，通知申请学校开展专业自评；审核不通过，向申请学校说明理由。

2. 专业自评

申请受理通过以后，高校专业依据认证标准开展自评自建，按要求填报有关数据信息，梳理认证工作材料，总结专业建设成绩，剖析存在的问题，制定相应的改进措施，撰写并提交自评报告。

3. 材料审核

教育评估机构组织专家对专业自评报告、数据分析报告等相关认证材料进行审核。审核通过后，评估机构将组织专家进入现场考察阶段；审核不通过，专业根据专家意见进行自建自改，再次审核通过后方可进入现场考察阶段。

4. 现场考察

教育评估机构组建现场考察专家组。专家组一般由3~5人组成，其中外省专家不少于三分之一，业界专家不少于三分之一。专家组在评阅专业自评报告和数据分析报告等认证材料的基础上，通过深度访谈、听课看课、考察走访、查阅问卷、集体评议等方式，对专业达成认证标准的情况作出评判，给出现场考察结论建议，并向高校反馈现场意见。

5. 结论审议

教育评估机构组织专家对现场考察专家组认证结论建议进行审议，并将审议结果报教育主管部门。

6. 结论审定

审议结果经教育主管部门同意后报教育部认证专家委员会审定。结论审定按照协商一致的方式进行，采用无记名投票方式表决，全体委员三分之二以上（含）出席会议，投票方为有效。同意票数达到到会委员人数的三分之二以上（含），认证结论方为有效。认证结论分为"通过，有效期6年""有条件通过，有效期6年""不通过"三种形式。认证结论适时发布。

7. 整改提高

高校根据认证专家现场反馈意见和专家组现场考察报告进行整改，按要求提交整改报告。教育评估机构组织专家对整改报告进行审查，逾期不提交或整改报告审查不合格，终止其认证有效期。

（二）国外体育专业认证程序考察

相比我国院校评估程序，国外体育专业认证程序要详细得多，例如英国院校审核包括四个阶段，第一阶段为成立审核小组，审核小组由6人组成，其中秘书1名，审计员5名，审计员中必须有1名学生；第二阶段为审核材料，审核调查前9个月，高校与高等教育质量保障署举行预备会议，确定审核的范围、过程和主题，审核调查前四个半月，高校提交审核材料，包括学校的自评报告、学生提交的文本以及学生成绩等其他材料和信息；审核调查前三个半月高等教育质量保障署确定审核小组成员、审核学科专业和审核清单，并通知高校；第三阶段为两次实地考察，第一次为正式访问前5周的简短访问，时间为3

天，主要任务是了解高校学术标准和质量管理方式、召开座谈会，确定正式访问路线和计划。第二次为正式访问，为5天（周一到周五），主要是对专业教学的各个方面进行系统调研；第四阶段为审核结果的公布，发表审计报告，审计结果为可信、有限信任和缺乏信任三种。有限信任的专业在3个月内提交行动报告，对其改进活动进行说明；缺乏信任的专业需在3个月内提交质量改进说明，之后每个季度都要提交类似说明，直到18个月后再次进行调查审核。

美国教练教育专业认证包括六个阶段，第一阶段为专业初评，主要是在正式评估之前，由学校专业负责人进行的内部评估；第二阶段为专业注册，即教练教育专业负责人向教练教育认证委员会提出书面认证申请书；第三阶段为材料准备，提交的材料要表明该专业是如何满足认证指南和教练员教育标准要求的，认证的材料要以认证文本的形式呈现出来，文本的封面、内容、顺序都有严格的规定；第四阶段为认证文本的提交，包括认证文本的形式，认证审查员的责任，认证结果（通过、限制性通过和不通过）；第五阶段为认证反驳，限制性通过或没有通过认证的专业可以提供相应的反驳报告以对第一次审查结果提起申诉；第六阶段为重新认证，即7年认证期限的最后一年申请更新认证。

澳大利亚体育专业课程认证中心专门负责课程认证工作，其认证程序也包括六个阶段，第一阶段为认证申请的提交，提交时间为每年的1月31日或7月31日，认证申请表依次包括以下6个方面的内容：通用信息、通用标准、运动体育科学标准、实习、质量保障、结论性评论；第二阶段为评估小组的成立，评估小组至少包括学术及评估经验丰富的4名成员；第三阶段为实地调查，调查小组由3名成员组成，主要检查申请认证的专业与课程认证中心的认证要求是否一致，申请认证的内容是否与专业目标和培养学校的使命相一致，及时发现人才培养中的问题，并解决；第四阶段为认证申请的驳回，当培养单位存在明显缺陷时，认证申请将被驳回，被驳回的认证申请专业只能在一年以后才可以再次提起认证申请；第五阶段为重新认证，在5年认证期限的最后一年，高校可再次提交认证申请，如若不然，学生将失去会员资格，再次申请认证需要提交申请表格，并缴纳相关费用；第六阶段为申诉，课程认证中心成立专门执行小组以负责大学的申诉。

相比之下，加拿大体育专业认证机构要复杂得多，不仅有认证委员会，还有认证协调员和评审小组。其认证过程包括四个阶段。第一阶段为提交认证申请并缴纳费用，认证申请表包括9个方面的内容：学校使命和专业目标、学位要求、与其他单位合作的描述、实验室教学设施描述、专业设备描述、过去7年毕业学生数、教职员工档案、教学课程大纲、学校日历。实地考察费用2000美元，评审费用700美元。第二阶段为认证评审和修正，认证协调员负责挑选评审人员，评审过程分实地考察和审核认证申请表，申请认证结果有两种：一是通过认证，二是撤销认证。认证委员会向通过认证的专业提供认证声明，有效期为七年。第三阶段为申诉过程，没有通过认证的专业可以在收到认证结果60天内提起申诉，并由评审小组作出最终的裁决，申诉成功不交费用，申诉失败缴纳500美元。

从以上各国体育专业认证程序可以看出，国外体育专业认证程序具有以下特点：成立第三方专业性的认证协会，认证协会要通过国家认可，具备相应的认证资质；以学校自评为主，外部认证是对学校自评过程的考核；实行注册制，要申请认证的单位必须提前向认证协会进行注册，并提交详细的认证申请表；对实地调查访问进行严格规定，例如访问时间、访问内容等；认证结果一般分三种，即通过、限制性通过和不通过；给予限制性通过和不通过的认证申请单位申诉的机会，以此保障认证信息的充分交流和认证过程的公平性；认证期限一般为5~7年，以7年居多，在认证期限的最后一年，申请认证单位必须再次提出认证申请；要缴纳一定的认证费用，如果进行认证申诉要额外缴纳一定的费用。

（三）我国体育专业认证体系的运行流程

从国内师范类专业认证与国外体育专业认证的实施流程中可以发现，国外体育专业认证程序更加详细，操作性更强。结合我国师范类体育专业认证实施步骤，本文构建的体育专业认证体系的运行流程如下。

1. 第一阶段：认证申请

有意参与认证的体育本科专业需要首先向所在高校进行认证申请，高校内部进行初审，初审合格后，再次向省级教育评估中心提交认证申请。省级教育评估中心组织专家依据受理条件进行审核，审核通过后，通知认证申请高校专业开展自我评估；审核不通过，向申请高校专业说明理由。

2. 第二阶段：专业自评

省级教育评估中心审核通过后，高校体育院系需要进行内部自我评估，自我评估的内容包括：专业使命与目标，检查本专业人才培养的目标与学校使命的切合度；专业师资档案，检查专业师资是否符合专业评估标准要求；教学资源，教学设施与设备是否充足，能否满足教学需要，对实验室、场地、器材进行描述；教学活动，包括能否提供多样化的教学方式，如作业练习、团队互动、教师指导、教学评价等；课程规划，如课程大纲、教案、课程列表等；相关文档，如课堂出勤、毕业学生档案、与其他单位合作的档案等等；通过自我评估，以检查是否具备了专业评估所需要的基本要素。专业自我评估是一种自我检查的过程，通过自评发现专业教学中存在的优势、特色和问题，专业自评的最终结果是形成《专业自评报告》。

3. 第三阶段：注册与费用缴纳

专业自评之后，进入正式申请认证阶段，专业认证申请的前提是专业注册。专业注册是国外进行专业认证的通常做法，在国外只有经过注册并通过认证的专业，其毕业生才有资格考取某一领域的职业证书，从而为其毕业生进入某一领域工作做好前提准备。专业注册意味着该校体育专业将在接下来的一年时间里寻求专业认证，在一年时间里申请专业认证的高校将评估申请文本《专业自评报告》提交给认证机构，如果在一年时间内没有提供自评报告，其注册状态将被取消，再次申请认证时需要重新注册，并提交书面认证申请。

高校专业在向认证机构进行注册时，除了提交认证申请表之外，还要缴纳一定的评估费用。目前，我国正在实施的院校评估不需要高校缴纳任何费用，专家组评估考察所需要的所有费用，包括培训费、交通费、食宿费、评审费、材料费、通讯费等皆由政府评估专项经费列支，这种完全由政府承担评估费用的方式虽然保障了评估的独立性和公正性，也减轻了学校的负担。但是，院校审核评估是一种强制性评估，评估的主体是政府，高校处于被动地位。而且这种完全由政府负责的院校审核评估与我国服务型政府建设理念不一致，也与政府购买服务的理念相冲突。体育专业认证是一种申请制评估，评估的主体是高校，高校为了提高自身人才培养质量，以便提高自身竞争力而提出认证申请，理应缴纳一定的费用。而且实行注册制之后，没有通过注册而获得认证的高校体育专业毕业生将不具备考取相应职业证书的资格。通过缴纳评估费用，也能凸显高校独立性，更能体现体育专业认证制度的合理性和公正性。

4. 第四阶段：自评报告与支撑材料的准备与提交

专业注册之后，高校体育专业申请负责人就要致力于评估材料的准备。目前，我国院校审核评估提交的材料主要包括三个部分，即《学校自评报告》《教学基本状态数据分析报告》和《本科教学质量报告》。由于我国院校审批评估的对象是高校，因此，以上三个文件的借鉴意义不大。国外体育专业认证需要详细的认证申请材料，不同国家提交的认证材料略有不同，但其内容通常包括以下几个方面：学校和专业的使命和目标的描述；人才培养历程的描述；专业培养单位的结构描述，包括与其他专业的关系；教学设施资源的描述；教学师资的描述；专业组成的描述，包括学校日历、教学大纲、课程列表、实习要求等内容；学位要求描述；与其他单位合作活动的描述；附录，主要包括所有详细的课程大纲以及其他任何补充性文件，以展示该专业符合了认证标准的要求。认证支撑材料最终以文本的形式打印成册，其封面包括专业负责人的姓名与联系方式，以及所有材料的清单。

认证文本的提交标志着认证材料准备的结束，为了提倡节俭，鼓励评估单位以电子文档的形式提交评估文本。认证协调员收到评估文本之后，对文本进行初步检查，然后由认证协调员将评估文本提交给认证小组成员，由认证小组成员对认证文本进行详细审核。

5. 第五阶段：实地考察

进校实地考察由专业认证委员会、认证小组和认证协调员组成，人员数量以5~7名为宜。进校考察的时间为5天（周一至周五），进校考察的目的包括：①确认申请认证的专业与《普通高校体育学类本科专业教学质量国家标准》的要求一致性；②确认申请认证的专业是否准确反映了学校的使命和专业目标；③实地调查专业教学中存在的问题，并与专业负责人商讨，提出解决方案。考察的内容可根据《普通高校体育学类本科专业教学质量国家标准》的要求开展,其中包括查阅专业自评报告、课程大纲、制度文件等在内的评估材料、与学生和教师座谈、考察专业教学的运作情况等。

6. 第六阶段：认证结果的公布

实地考察结束之后,专业评估小组根据申请评估材料和实地考察的结果撰写《专业评估报告》,评估报告应总结申请评估专业的优势、特色和存在的问题,并给出是否通过认证的评估结果。认证结果可分为三种,即通过、限制性通过和不通过。我们目前的院校审批评估只给出评估报告,并没有给出具体的评估结果,这样的评估结果无法对高校形成压力,对于促进高校进一步加强专业建设也无法形成有效的约束。而国外体育专业认证结果一般都分为通过、有条件通过和不通过三种,因此,本文建议体育专业认证的结果也分为三种。对于限制性通过的专业可允许其在半年时间内进行修正,之后提交修正报告,对其改进部分进行说明,得到评估小组的认同之后,可通过评估;对于不通过的专业,可在之后的半年之内进行修正,并提交改进说明报告,之后每半年都要向认证小组提交类似报告,直到18个月后,认证小组再次进校实地考察,以确定是否达到评估标准。

7. 第七阶段：认证结果申诉

对于认证小组作出的评估决定,高校可以作出申诉,申诉以书面报告的形式提交给认证协调员,认证协调员将申诉报告提交给专业评估委员会,并由评估委员会作出最终的裁决。如果申诉没有成功,申诉单位需要缴纳一定的申诉费用,如果申诉成功,则不用缴费。

8. 第八阶段：再次申请认证

认证周期一般为5~7年,在认证即将到期的最后一年,通过认证的专业需要向认证机构重新提交注册,再次申请认证,如若不然,该校毕业的学生将无法取得相关体育职业资格。再次申请认证时要提交评估材料并缴纳相关费用。

参考文献

［1］教育部关于公布1999—2020年度普通高等学校本科专业备案和审批结果的通知［EB/OL］.［2021-12-12］. http：//www.moe.gov.cn/s78/A08/gjs_left/moe_1034/.

［2］赵志荣. 学科门类视域下我国高校体育专业的困境与出路［J］. 体育学刊，2014，21（6）：92-95.

［3］王伟明. 高校社会体育专业毕业生就业困境与思考［J］. 湖北体育科技，2011（5）：576-578.

［4］寒澈. 2014年大学学费上涨［EB/OL］.［2015-02-22］. http：//news.51sxue.com/detail/id_42636.html.

［5］陈学飞. 美国高等教育发展史［M］. 成都：四川大学出版社，1989：122-123.

［6］Judisth S Eaton. Accreditation and recognition in the united states［R］. CHEA，2011.

［7］胡德鑫. 德国工程教育专业认证制度的变迁逻辑及其启示［J］. 高校教育管理，2017，11（6）：74-78.

［8］孙进. 德国高等教育认证——机构、程序与标准［J］. 高等教育研究，2013，34（12）：88-92.

［9］唐霞. 英国高等教育质量保证体系［M］. 北京：北京师范大学出版社，2012：52-53.

［10］闫晓娜. 澳大利亚高等教育质量与标准署课程认证研究［M］. 重庆：四川外国语大学. 2015：15-18.

［11］董秀华. 专业市场专人与高校专业认证制度研究［M］. 上海：上海世纪出版社. 2007：180-186.

［12］陈学飞. 美国高等教育发展史［M］. 成都：四川大学出版社，1989：122-123.

［13］Judith S Eaton. An Overview of U.S. Accreditation［R］. Council for Higher Education Accreditation, 2009: 256.

［14］Paruicia M.O'Brien, SND. Accreditaiton: Assuring and Enhancing Quality［M］. San Francisco: California Spring, 2009: 69-77.

［15］Terry W Hartle. Accreditation and the Federal Government: Can This Marriage Be Saved?［J］. Presidency FAll, 2011（8）: 56-62.

［16］杨晓波, 费爱心. 美国高等教育质量保证机制探析［J］. 黑龙江高教研究, 2008（5）: 169.

［17］贾明学. 我国体育学类本科专业教育质量保障体系研究［M］. 北京: 人民体育出版社, 2019: 25.

［18］Kenneth E. Young. Understanding Accreditation: Contemporary Perspectives on Issues and Practices in Evaluating Educational Quality［M］. San Francisco: Jossey-Bass Publishment, 1983: 241.

［19］Alma, Craft. Quality Assurance in Higher Education［M］. London: The Falmer press, 1992: 78-79.

［20］Gerald H Gaither. Quality Assurance in Higher Education: an International Perspective［M］. San Francisco: Jossey-Bass Publishers, 1998: 125-128.

［21］Jose Cuetojr. Assessment in medical education［J］. Educaion for Health, 2006, 19（2）: 207-222.

［22］Don F Westerheijden. Quality Assurance in Higher Education: Trends in Regulation, Translation and Transformation［M］. Berlin: springer, 2007: 329.

［23］Mohamed M, Ghoneim Sywelem. Higher Education Accreditation in View of International Contemporary Attitudes［J］. Contemporary Issues In Education Research, 2009, 25（2）: 41-54.

［24］Young, K.E. Prologue: The Changing Scope of Accreditation［M］// Young, K.E, Chambers. Understanding Accreditation: Contemporary Perspectives on Issues and Practices in Evaluating Educational Quality. San Francisco: Jossey-Bass Publishers, 1983: 49-52.

[25] Sandra Myers. School Accreditation [M]. Ipswich, EBSCO Publishing Inc, 2008: 21.

[26] Gora, Tim. CHEA Fights Back Against Degree Mills [J]. University Business, 2007, 10 (5): 16.

[27] Shin J, Milton S. The effects of performance budgeting and funding programs on graduation rate in public four-year colleges and universities [J]. Education Policy Analysis Archives, 2004, 22 (12): 231-237.

[28] Frank B Murray. An Accreditation Dilemma: The Tension Between Program Accountability and Program Improvement in Programmatic Accreditation [J]. NEW DIRECTIONS FOR HIGHER EDUCATION, 2009 (1): 145.

[29] Department of Education. Accreditation in the United States [EB/OL]. [2020-08-08]. http://www.ed.gov/admins/finaid/accred/accreditation_pg2.html.

[30] Harold L Berrid. Standards for Institutional Accrediting [J]. Journal of the American Association for Health, Physical Education, and Recreation, 1950, 21 (2): 65-68.

[31] Susan G Zieff. NASPE Sets the 35 Years of National Leadership in Sport and Physical Education [J]. Journal of Physical Education, Recreation & Dance, 2009, 80 (8): 46-49.

[32] Karren Simaa, Richard Tinningb. The social tasks of learning to become a physical education teacher: considering the HPE subject department as a community of practice [J]. Sport, Education and Society, 2008, 13 (3): 285-300.

[33] Nancy P Gallavan, Porter L. Cultural Diversity and the NCATE Standards: A Story in Process [J]. Multicultural Perspectives, 2001, 3 (2): 13-18.

[34] Fiona Dowling. Physical education teacher education' professional identities, continuing professional development and the issue of gender equality [J]. Physical Education and Sport Pedagogy, 2006, 11 (3):

247-263.

[35] Shane G Frehlic. Accreditation in Athletic Training and Exercise Science：Beauty or the Beast [J]. AAHPERD, 2007, 18（2）: 5-9.

[36] Jo Williams, Colleen Colles. Specialized Accreditation of Sport Management Programs: Perspectives of Faculty and Administrators [J]. Sport Management Education Journal, 2009, 3（1）: 26-46.

[37] Ronald B Head, Michael S. Accreditation and Its Influence on Institutional Effectiveness [J]. NEW DIRECTIONS FOR COMMUNITY COLLEGES, 2011, 153（1）: 125-136.

[38] Curt Laird, Dennis A. Johnson & Heather Alderman. Aligning Assessments for COSMA Accreditation [J]. Journal of Physical Education, Recreation & Dance, 2015, 86（8）: 27-33.

[39] 孙进. 德国高等教育认证——机构、程序与标准 [J]. 高等教育研究, 2013, 34（12）: 88-92.

[40] 王建成. 美国高等教育认证制度研究 [M]. 北京：教育科学出版社, 2007.

[41] 熊耕. 简析美国高等教育认证的民间性 [J]. 高校教育管理. 2008, 2（1）: 12-16.

[42] 熊耕. 美国高等教育认证制度的起源及其形成动力分析 [J]. 外国教育研究, 2004, 31（6）: 61-64.

[43] 唐艳. 荷兰的高等教育认证体系 [J]. 中国高等教育, 2015, （11）: 61-63.

[44] 王建成. 美国高等教育认证制度研究 [M]. 北京：教育科学出版社, 2007.

[45] 卢晶. 专业认证制度的治理模式研究 [D]. 天津：天津大学, 2008.

[46] 汪雁. 试析中国高等教育评估中介机构的构建——借鉴美英法三国评估经验, 构建我国高等教育评估中介机构 [D]. 南京：东南大学, 2005.3.

[47] 袁丽. 中美高等教育认证相关问题的比较研究 [J]. 高教发展与评估, 2007, 23（4）: 91-95.

[48] 王保华. 国际教师教育认证机构制度研究 [D]. 武汉：华中师范大学出版社，2007.

[49] 马健生. 高等教育质量保障体系的国际化比较 [M]. 北京：北京师范大学出版社，2014：66–69.

[50] 张瑞林. 关于制定《体育学类本科专业类教学质量国家标准》的思考 [J]. 吉林体育学院学报，2014（6）.

[51] 律海涛，金春光. 美国近代体育科学化先驱萨金特的体育思想及实践 [J]. 成都体育学院学报，2012，38（8）：15–18.

[52] 张建华，杨铁黎. 美国体育专业教育的发展和改革 [J]. 体育与科学，1998，19（3）：52–55.

[53] JohnD Massengale. Trends Toward the Future in Physical Eduaction [M]. Hmuan Kinetics Publisher.1987.13–19.

[54] 赵大超，常璐艳. 中、美、英、澳高校体育专业与课程设置的对比分析 [J]. 武汉体育学院学报，2011，45（8）：75–80.

[55] NCES. Classification of Instructional Programs–2010 [EB/OL]. [2021–10–12]. https：//nces.ed.gov/ipeds/cipcode/browse.aspx?y=55.

[56] 美国运动学协会网站. 发展中的运动学 [EB/OL]. [2015–09–17]. http：//www.americankinesiology.org/white-papers/white-papers/kinesiology-on-the-move--one-of-the-fastest-growing-but-often-misunderstood-majors-in-academia?highlight=Kinesiology%20on%20the%20Move.

[57] Allington, R.L. Ignoring the policy makers to improve teacher education [J]. Journal of Teacher Education，2005，56：199–204.

[58] Zeichner K. Reflections of a university-based teacher educator on the future of college-and university-based teacher education [J]. Journal of Teacher Education，2006，57：326–340.

[59] Metzler MW, Tjeerdsma BL.（Eds.）.The physical education teacher education assessment project [J]. Journal of Teaching in Physical Education，2000（4）：19.

[60] AKA. Careers in kinesiology [EB/OL]. [2021–10–17]. http：//www.

americankinesiology.org/career-center.

[61] 洪明. 美国教师质量保障体系历史研究研究[D]. 北京：北京师范大学出版社，2010：271.

[62] 冯慧，饶从满. 美国教师培养外部质量保障体系[J]. 外国教育研究，2017，44（12）：3-15.

[63] Elaine El-Khawsa. the Teacher Education Accreditation Council in the USA [J]. Public Policy for Academic Quality, 2009, 30 (11): 37-54.

[64] Murray F. B. Lessons from Ten Years of TEAC's Accrediting Activity [J]. Issues in Teacher Education, 2010 (1): 7-19.

[65] 白玫. 从NCATE到CAEP：美国职前教师教育认证的价值反思[J]. 外国教育研究，2018，45（4）：30-42.

[66] CAEP. CAEP Commission Structure [EB/OL]. [2019-02-22]. http://www.Caepsite.org/documents/structure.pdf.

[67] CAEP. CAEP Accrditation Resources [EB/OL]. [2019-02-22]. http://CAEPnet.org/accreditation/CAEP-accreditation/CAEP-accreditation-resources.

[68] About COSMA. [EB/OL]. [2019-02-22]. http://www.cosmaweb.org/about COSMA, 2013 03—10.

[69] Sabock R J, Chandler-Garvin P B. Coaching certification in the United States requirements. Journal of Physical Education, Recreation, and Dance, 1986, 57 (6): 57-59.

[70] Sisely B L, Chapel SA Oregon coaches background survey. Background of coaches in Oregon high schools 1984-1985. [J]. Kinesiology Review, 1985 (6): 78-83.

[71] National Council for Accreditation of Coaching Education: Registry of Accredited Programs [EB/OL]. [2016-03-12]. http://www.qualitycoachingeducation.org/accredited-programs/.

[72] NCACE. Why Accredit Your Coaching Education Program? [EB/OL]. [2016-03-15]. http://www.qualitycoachingeducation.org/accreditation-

information/why-accredit/.

[73] CoAES. Accredited Programs [EB/OL]. [2019-11-01]. http://www.coaes.org/#ribbon_bottom.

[74] CoAES. Benefits of CoAES Accreditation [EB/OL]. [2019-10-26]. http://www.coaes.org/2016/11/05/benefits-of-coaes-accreditation/.

[75] Fraser, J. W.R. Preparing teachers for democratic schools: The Holmes and Carnegie reports five years later critical reflection [J]. Teachers College Record, 1992, 94: 7-40.

[76] CAEP. CAEP Accreditation Handbook [EB/OL]. [2018-06-22]. http://caepnet.org/accreditation/caep-accreditation/caep-accreditation-handbook.

[77] Department of Education. Teacher Preparation Issues [EB/OL]. [2018-04-06]. https://www.Federalregister.gov documents/2014/12/03/2014-28218/teacher-preparation-issues.

[78] Aronson B, Anerson A. Critical Teacher Education and the Politics of Teacher Accreditation: Are We Practicing What We Preach? [J]. Journal for Critical Education Policy Studies, 2013 (3): 244-262.

[79] Ingvarsonl, Beavis A, Klfeinhenz E. Factors Affecting the Impact of Teacher Education Programs on Teacher Preparedness: Implications for Accreditation Policy [J]. European Journal of Teacher Education, 2007 (4): 351-381.

[80] National Research Council, Division of Behavioral and Social Science, Center for Education. Preparing Teachers: Building Evidence for Sound Policy [M]. Washington DC: National Academies Press2000: 255-256.

[81] Brown, Mark Graham. Baldrige Award Winning Quality: How to Interpret the Baldrige Criteria for Performance Excellence [M]. Portland: Productivity Press, 2013: 20-21.

[82] SHAPE America. Initial Physical Education Teacher Education Standards [EB/OL]. [2018-06-10]. https://www.shapeamerica.org/accreditation/upload/National-Standards-for-Initial-Phys.

［83］赵志荣.学科门类视域下我国高校体育专业的困境与出路［J］.体育学刊，2014，21（6）：92-95.

［84］CAEP. CAEP accreditation handbood［EB/OL］.［2018-06-22］. http：//caepnet.org/accreditation/caep-accreditation/caep-accreditation-handbook.

［85］龙宝新.美国师范专业认证工作对构建我国师范专业认证工作框架的启示［J］.教师发展研究，2018，2（2）：109-118.

［86］教育部.教育部关于普通高等学校本科教学评估工作的意见［EB/OL］.［2016-12-03］. http：//www.moe.edu.cn/s78/A08/s8341/s7168/201403/t20140313_165450.html.

［87］邓涛.中国教师教育专业认证办法探析［J］.高教发展与评估，2015，31（6）：35-43

［88］王彤，唐卫民.美国高等教育专业评估体系及其启示［J］.现代教育管理，2010（10）：112-114

［89］张细谦，黄南洁.中日美英普通高校社会体育专业的比较研究［J］.广东教育学院学报，2005（4）：20-26

［90］Friedman M. Free to Choose：a Personal Statement［M］. New York：Harcout Brace Jovanovich，1980：190-192.

［91］刘晖.从《罗宾斯报告》到《迪尔英报告》——英国高等教育的发展路径、战略及其启示［J］.比较教育研究，2001（2）：23-27.

［92］HESA. Acs 30：Detailed（Four digit subject lodes）［EB/OL］［2017-11-18］. https：//www.hesa.ac.uk/support/documentation/jacs/jacs3-detailed.

［93］BASES. Vision and Objectives［EB/OL］.［2019-06-22］. htps：//www.bases.org.uk/sspage-about_us-about_bases-our_vision_and_objectives.html.

［94］BASES. BASES Endorsed Undergraduate courses［EB/OL］.［2019-06-22］. https：//www.bases.org.uk/sspagestudentsundergraduate_courses-choosing_a_course.html.

［95］贾明学，方千华.英国QAA体育《学科基准声明》的解读与启示［J］.北京体育大学学报，2015，38（12）：95-101

[96] Council of Europe. European Sports Charten [EB/OL]. [2019-06-22]. http：//www.sportdevelopment.org.uk/European_sports_charter__revised_.pdf.

[97] QAA.Subject BenchmarkStatements [EB/OL]. [2017-07-25]. http：//www.qaa.ac.uk/en/Publications/Docume nts/Subject-benchmark-statement-Hospitality-leisure-sport-tourism-2008.pdf.

[98] 程传银，李文辉. 中英两国体育教育专业课程设置比较与启示 [J].体育学刊，2003，10（3）：71-72.

[99] QAA.Subject Benchmark Statements [EB/OL]. [2017-11-25]. http：//www.qaa.ac.uk/en/Publications/Docume nts/Subject-benchmark-statement-Hospitality-leisure-sport-tourism-2008.pdf.

[100] BASES. BASES Undergraduate Endorsement Scheme [EB/OL]. [2020-09-25]. https：//www.bases.org.uk/spage-organisations-bases_undergraduate_endorsement_scheme.html.

[101] QAA.Subject Benchmark Statements [EB/OL]. [2021-07-16]. http：//www.qaa.ac.uk/en/Publications/Documets/Subject-benchmark-statement-Hospitality-leisure-sport-tourism-2008.pdf.

[102] QAA.Knowledge Understanding and Skills [EB/OL]. [2021-07-16]. http：//www.qaa.ac.uk/assuring-standards-and-qualiy/the-quality-code/subject-benchmark-statements/honours-degree-subjects.

[103] QAA.Subject Benchmark Statements [EB/OL]. [2021-07-16]. http：//www.qaa.ac.uk/en/Publications/Docume nts/Subject-benchmark-statement-Hospitality-leisure-sport-tourism-2008.pdf.

[104] QAA.Teaching, learning and assessment [EB/OL]. [2021-07-16]. http：//www.qaa.ac.uk/en/Publications/Documents/Subject-benchmark-statement-Hospitality-leisure-sport-tourism-2008.pdf.

[105] QAA.Subject-specific benchmark standards [EB/OL]. [2021-07-16]. http：//www.qaa.ac.uk/en/Publications/Docume nts/Subject-benchmark-statement-Hospitality-leisure-sport-tourism-2008.pdf.

[106] 马健生.高等教育质量保证体系的国际比较[M].北京：北京师范大学出版社，2014：140.

[107] BASES. BASES Undergraduate Endorsement Scheme [EB/OL]. [2021-07-16]. https://www.bases.org.uk/spage-organisations-bases_undergraduate_endorsement_scheme.html

[108] 弗兰斯·范福格雷特.国际高等教育政策比较研究[M].杭州：浙江教育出版社，2001：100-1012.

[109] Universities Australia. Universities Australia Submission to the Review of Australian Higher Education [EB/OL]. [2018-04-12]. http://www.deewr.gov.au/highereducation.

[110] 崔军，张晓宁.澳大利亚研究生课程的外部质量评估[J].世界教育信息，2015，382（22）：27-32.

[111] 吕飞.澳大利亚第三级教育质量与标准署质量监管研究[D].北京：首都师范大学，2012：19.

[112] AQF.What is the AQF. [EB/OL]. [2018-04-12]. http://www.aqf.edu.au/aqf/about/objectives/.

[113] ESSA. NUCAP-ACCREDITED COURSES [EB/OL]. https://www.essa.org.au/for universities/nucap/accreditation-full/.

[114] AITSL.About AITSL [EB/OL] [2018-04-12]. https://www.aitsl.edu.au/about-aitsl.

[115] AITSL.Accredited programs list [EB/OL]. [2018-04-12]. http://www.aitsl.edu.au/initial-teacher-education/accredited-programs-list.2015-10-11.

[116] TEQSA.Contextual overview of the HES Framework 2015 [EB/OL]. [2018-04-12]. https://www.teqsa.gov.au/contextual-overview-hes-framework-2015.

[117] ESSA. Exercise & Sports Science Australia Exercise Science Standards [EB/OL]. [2015-12-12]. https://www.essa.org.au/wp-content/uploads/2010/08/ESSA-Exercise-Science-Standards_FINAL_25.03.14.pdf.

［118］ESSA. Exercise & Sports Science Australia Exercese Science Standards ［B/OL］.［2021-08-10］. https：//essa.org.au/wp-content/uploads/2010/08/ESSA Standards_25.03.14.pdf.

［119］ESSA. Accredited Sports Scientist Standards ［EB/OL］.［2021-10-02］. https：//www.essa.org.au/wp-content/uploads/2016/12/ASpS-AHPM-Professional_Standards-with-cover-page_approved_271016.pdf.

［120］ESSA. Accredited Sports Scientist Standards ［EB/OL］.［2021-10-02］. https：//www.essa.org.au/wp-content/uploads/2016/12/ASpS-AHPM-Professional_Standards-with-cover-page_approved_271016.pdf.

［121］ESSA. Accredited Sports Scientist Standards ［EB/OL］.［2021-10-02］. https：//www.essa.org.au/wp-content/uploads/2016/12/ASpS-AHPM-Professional_Standards-with-cover-page_approved_271016.pdf.

［122］Austualia Goverment Comlaw. Tertiary Education Quality and Stand rds Agency Act 2011［EB/OL］.［2021-04-12］. http：//www.legislation.gov.an/C2011A00073/latest/text.

［123］ESSA. APPLY FOR FULL ACCREDITATION［EB/OL］.［2016-02-12］. https：//www.essa.org.au/higher-education-providers/accreditation-full-2/.

［124］罗丹.规模扩张以来高校专业结构变化研究［M］.广州：广东高等教育出版社，2010：33-34.

［125］王雷，贾明学，方千华.美国体育学科联合会（AKA）"核心课程"的解读与思考［J］.山东体育学院学报，2017，33（4）：103-109.

［126］贾明学，方千华.英国QAA体育《学科基准声明》的解读与启示［J］.北京体育大学学报，2015，38（12）：95-101.

［127］国家职业分类大典修订工作委员会.中华人民共和国职业分类大典［M］.北京：中国劳动社会保障出版社，2015：55-85.

［128］易剑东，任慧涛，朱亚坤.中美体育人才培养系统、就业路径的比较研究——从行业·专业·职业匹配与顺应的视角出发［J］.武汉体育学院学报，2014，48（9）：5-11.

［129］王龙龙.运动康复专业毕业生就业难被挡在医院门外很痛苦［EB/

OL]. [2019-11-25]. https: //edu.youth.cn/jyzx/jyxw/201702/t20170206_9087051.htm.

[130] CUPEKA.Ccupeka History [EB/OL]. [2021-11-25]. http: //ccupeka.ca/en/index.php/resources/summary/19-ccupeka-history-1965-2004/60-ccupeka-history.

[131] Unirersity of waterloo. About waterloo [EB/OL]. [2021-11-25]. https: //uwaterloo.ca/about/.

[132] NASSM. Sport Management Program: Canada [EB/OL]. [2021-11-25]. http: //www.nassm.com/Programs/AcademicPrograms/Canada.

[133] Jones D F. Examining Sport management programs in the United States [J]. Sport Management Review, 2008, 11 (1), 77-91.

[134] COSMA. COSMA history. [EB/OL]. [2021-12-18]. http: //www.cosmaweb.org/history.

[135] COSMA. Mission and core values. [EB/OL]. http: //www.cosmaweb.org/mission.

[136] CUUPEKA. Constitution [EB/OL]. [2021-11-25]. http: //ccupeka.ca/en/index.php/constitution. 2015-10-08.

[137] NASSM.Constitution of the north american society for sport management [EB/OL]. [2021-11-25]. http: //www.nassm.com/NASSM/Constitution.

[138] CCUPEKA.Physical education accreditation [EB/OL]. [2017-01-03]. http: //ccupeka.ca/en/index.php/accreditation.

[139] COSMA. About COSMA. [EB/OL]. [2021-11-25]. http: //www.cosmaweb.org/about COSMA.

[140] Mount Royal University.Programs & Courses [EB/OL]. [2021-11-25]. http: //www.mtroyal.ca/ProgramsCourses/FacultiesSchoolsCentres/TeachingLearning/-Departments/GeneralEducation/index.htm.

[141] Kristi L. Schoepfer. Internships in Sport Management Curriculum: Should Legal Implications of Experimental Learning Result in the Elimination of the Sport Management Internship [J]. Marquette Sport Law Review. 2010, 21 (1): 183—201.

[142] Uniersity of Michigan. Sport Management Advisory Board. [EB/OL]. [2021-11-25]. http://www.kines.umich.edu/programs/sport-management/advisory-board.

[143] Adam Love, Damon P. S. Andrew. The intersection of sport management and sociology of sport research: A social net-work perspective [J]. Sport Management Review, 2012, 2: 244—256.

[144] Mary A. Hums. The Conscience and Commerce of Sport Management: One Teacher's Perspective [J]. Journal of Sport Management, 2010, 24: 1—9

[145] CCUPEKA. Accreditation Process [EB/OL]. [2017-01-03]. http://www.ccupeka.org/accreditation/.

[146] 董秀华. 专业市场准入与高校专业认证制度研究 [M]. 上海：上海世纪出版社，2007：243-245.

[147] 王彤，唐卫民. 美国高等教育专业评估体系及其启示 [J]. 现代教育管理，2010（10）：112-114.

[148] 黄海涛. 学生学习成果评估：美国高等教育质量保障研究 [M]. 北京：教育科学出版社，2014：188-190.

[149] AKA. The Undergraduate Core [EB/OL]. [2020-01-12]. http://www.americankinesiology.org/AcuCustom/Sitename/DAM/091/Sample_AKA_Core_Oshkosh.pdf.